天 地 間
Tiandijian

廣闊的天地
就是我的家
自由自在
就是我的
理想

何濼生

書名：天地間Tiandijian
作者：何濼生
系列：何濼生作品集
責任編輯：潘國森

出版：　心一堂有限公司
地址/門市：香港九龍旺角西洋菜南街5號好望角大廈10樓1003室
電話號碼：(852) 6715-0840
網址：www.sunyata.cc publish.sunyata.cc
電郵：sunyatabook@gmail.com
心一堂論壇: http://bbs.sunyata.cc
網上書店：http://book.sunyata.cc

香港發行：香港聯合書刊物流有限公司
香港新界大埔汀麗路36號中華商務印刷大廈3樓
電話號碼：(852)2150-2100　傳真號碼：(852)2407-3062
電郵：info@suplogistics.com.hk

台灣發行：秀威資訊科技股份有限公司
地址：台灣台北市內湖區瑞光路七十六卷六十五號一樓
電話號碼：+886-2-2796-3638 傳真號碼：+886-2-2796-1377
網絡書店：www.bodbooks.com.tw
心一堂台灣國家書店讀者服務中心:地址：台灣台北市中山區二0九號1樓
電話號碼：+886-2-2518-0207 傳真號碼：+886-2-2518-0778
網址：www.govbooks.com.tw

中國大陸發行 零售：心一堂
深圳：中國深圳羅湖立新路六號東門博雅負一層零零八號
電話號碼：(86)0755-82224934
北京：中國北京東城區雍和宮大街四十號
心一堂官方淘寶：http://sunyatacc.taobao.com/

版次：二零一六年七月初版

平裝

　　　港幣　　　一百二十八元
定價：人民幣　　一百二十八元
　　　新台幣　　五百八十元

國際書號　ISBN　978-988-8316-86-1

向現實低頭，
就意迴避現實的挑戰；
卻有人道開拓理想的天地
為不實際。

《海外述林》，1977年3月號

鳴謝

　　多年來楊瑞賢女士為筆者整理書稿材料。早前嶺南大學學生李玉燕亦為筆者打字排版。此外李焯芬教授和張文光先生為本集撰寫序言，心一堂潘國森為本書的出版提供協助，茲一併致謝！

目錄

生活的藝術

人際篇

親情篇

生命頌

鄉土情

世情篇

教育篇

港事篇

歌集

後記

李序

何濼生教授是我十分敬重的一位教育界同工,原因有二。

一是他的關心社會和正直敢言。在香港當個大學教師,其實比在北美當個教授還要忙得多,工作壓力也更大。不少同事都忙於工作,較少參與社會事務。香港政治環境亦比較複雜,參與社會事務往往吃力不討好。濼生是個很有智慧、很有原則的人。作為一個經濟學者,他會憑着自己的專業知識去分析社會事務,並會坦誠地和大眾分享他的看法。這是一個知識份子應有的道德情操。我知道學界許多同工都很欣賞濼生的真誠和他的道德勇氣。

二是他的慈悲心。濼生自小喜愛思考,對人生哲學(包括佛法)涉獵極深,感悟良多。本着「自度度他」、「自利利他」的大乘佛教精神,他經常以講座和文字的形式與大眾分享這些人生智慧,讓大家生活得更快樂自在。讀者諸君手上的這本文集,忠實地紀錄了他長期以來的思考、人生感悟和智慧。我讀後大有裨益,相信大家亦會如此。

香港大學饒宗頤學術館館長

李焯芬

二零一五年十二月

自由天地寬（張序）

自由的思想和信念，不違法傷人，就應該尊重。

何澍生的文章，無論成長、生活、親情與理想，都在追尋寬容、大愛、善美與慈悲，渴望人類與自然都更美好。

這是一個知識分子的善念。

然而，善念落實到國家政府，仍讓他一心往好處想，相信一黨專政能自我完善，相信專權政府會走向開明。

我並不同意。

我一直認為：愛國不避其醜，愛民更加重要；善念不是護短，而要為民吶喊。沒有人民的奮鬥犧牲，國家政府的不仁不義，不會自我完善走向開明。

當前，我們身處的時代，病在獨裁與專權，招致人民激情反抗，反抗屢受挫折，被迫走向偏激。

如今，擁有權力的一方仍逆民意而行，香港人的理性，知識人的善念，恐怕落空成死局。

當然，爭取改變的一方也不能離群暴烈，走向民主的反面：以我為尊，排斥異己；撕裂群眾，令人傷痛。

即使如此，我仍寫下真誠的序言：

天地的寬容與大愛，人類的善美與慈悲，永遠美麗珍貴，讓我們視政見差異為常態，因為人類真正的追求，是自由的心

靈，是獨立的思想，是人權的底線，是文明的國度，是共融的世界。

張文光

二零一六年一月

作者按：

我經常閱讀張文光先生的文章，並十分讚賞他的人文精神和文采，遂邀請他為《天地間》寫一篇代序。他欣然答允。我自然十分高興。過了兩個星期卻未見擲下稿件，追問後，原來他早已寫好，只是想我未必樂於採用。我細讀後，不覺得有什麼問題。他寫道：「愛國不避其醜，愛民更加重要；善念不是護短，而要為民吶喊。」我當然十分同意。惟在一黨專政能否自我完善問題上，我跟文光兄確有不同判斷。我旁觀「一黨專政」下中國的發展，確信今天比從前進步實在太多了。我又旁觀所謂民主政體下的其他國家的發展，又發現他們進步的速度不見得比中國更快。我他之間判斷之不同，不影響我們對自己判斷的真誠，也絕不影響我他之間的誠懇交流。際此敵友成見氣氛濃罩下的香港，就讓張文光先生的代序，見證包容的天地胸襟。

自序

　　這個結集是我多年來的隨筆。我自小愛思考。遇上快意或不快的事，我總會沉思自問：為什麼會這樣？為什麼不是那樣。而且無論父母、老師、書本、乃至傳道人說什麼，我就是喜歡提出異議。少時十分喜歡大自然、科學，和繪畫，又對自小崇拜的歷史人物非常嚮往。多年來興之所至就會寫下零零星星的雜想。上大學以後，對人生的種種苦惱和無奈，更喜歡思考其根源。偶然若有所得，便會寫下自娛。

　　本集稱「天地間」，是因為筆者在加拿大留學期間一篇家書有以下的文字：「廣闊的天地就是我的家，自由自在就是我的理想。要生活就得生活得豐豐富富，有誰不喜歡一個美滿的人生？但多少人懂得如何走人生的道路？不過，只要立志走這條道路，誰都會走。」今天，我的理想依舊，廣闊的天地仍視作為家。但是我發現：美滿的人生真的來之不易。今日世情十分險惡：恐怖主義橫行，是非難辨，而氣候變暖，很多物種瀕危，而政治爭拗更是無日無之。飢荒、戰亂、襲擊，猜忌、歧視、仇恨，仍蹂躪著以十億計的人口。每思及人類自尋煩惱，不停製造悲劇，實在難禁悲從中來的思緒，接著眼淚就不期然湧上來。看來，黑暗的中世紀雖早

4

已過去，人類的救贖仍遙不可及。但是，我仍相信：心中平安即是福。無論身在何方，自己對真善美的追求，絕對不能放棄。自己總得要對得起自己、對得起別人。

我謹以摯誠向讀者分享多年來的天地遐想。

何濼生

香港二零一五年十二月

民主與我（自序二）

　　我自小就是一個理想主義者。我愛思考，我從來不願意盲目附會人家的看法。不管是什麼權威，我就是愛質疑。小學有老師下這樣的評語：「具有科學的頭腦、思想也特殊」云云。這句短短的評語，自己覺得十分受落，相信或多或少進一步加強了每事問、不明白不罷休的性格。

　　我真的很年輕就思考自由。中學的時候開始明白到阿甲行使的自由往往會影響到阿乙的自由，於是就構思了「每人平等的自由」，想着理想的社會應以達到最大的平等的自由為目的。

　　一九七三年，我赴加拿大念研究院，人剛離鄉別井，頗為思家，卻在家書中寫出：「廣闊的天地就是我的家、自由自在就是我的理想」，意思即是說身在何處就應在何處投入生活；世界上何處不可為家？友人書法了得，我請他為我用毛筆寫下該兩句，時值一九七四年夏。該書法橫幅現時仍掛在家中客廳。自己多年來積存的生活隨筆亦以「天地間」稱之。

　　留學加拿大期間，有機會回國參觀，親身觀察數場批林批孔聚會。當時眼見聚會中人人眾口一詞，居然沒有任何人

表達不同看法，覺得十分奇怪，遂問隨團的新華社幹部。我又說雖然未能認同孔子部份論述，但仍覺得一般而言他對弟子的教誨都有很多至理名言，全面否定孔子並不合理。

留學加拿大期間我有緣當了一屆中國同學會會長。同學會舉辦中國周，還邀請了親新中國的韓素音來多倫多演講。但我一直質疑為什麼中國周的刊物內容都清一色唱好，何解沒有正視一些負面國情。然而，礙於我在同學會只代表極少數、甚至是唯一持不同看法的幹事，在民主程序中我影響不了最終的定稿。

其後四人幫倒台，一直遊說我跟足中央政府的同學大表困惑。我則慶幸自己能堅持自己批判性的思考。但在同學會自己孤獨地「力戰羣儒」而被壓倒性擊敗的經驗清楚告訴我：民主縱然動聽，止於服從大多數的民主實有其不足之處。

何濼生

二零一三年十月

成長篇

天地間 Tiandijian

痛苦

（一九九一年十二月二十三日）

人生真的充滿痛苦。

有時真的不明白那些痛苦用來作甚！

然而，痛苦既然是人生中無可避免的事情，它也是人類、眾生的共同語。沒有痛苦，就沒有必要去關心別人。關心、慈悲、愛心、體諒、憐惜等詞都會消失於人世間。

我不肯定自己會留戀這樣的一個世界！

我不相信世間上有人從來沒嚐過痛苦。如果真的有這樣的人，他肯定是這世界上最孤獨的人。他不可能了解別人和關心別人。

這一點我是絕對肯定的：就是因為人生充滿痛苦，人類才認識到大家同坐一船，必須同舟共濟，創造更美好的將來！

勇氣（一）

（一九九一年十二月二十三日）

人總會有失意的時候！

在這個時候，有些人會哭；有些人會找朋友傾訴；有些會找點娛樂散散悶氣；有些則會「借酒消愁」、麻醉自己⋯⋯。

在這個時候，其實最重要的事是要重拾信心、重新部署、迎接明日的挑戰。要記著：真正的勝利者不會因今天在戰場上失利而言敗。一個永不言敗，勇往直前的人才是真正的勝利者。

對於因一時挫敗而畏縮的人，我憐憫他們，為他們禱告。沒有勇氣的人真不幸，他們的生命必然貧乏。具有無比勇氣的人真幸福，因為他們的生命必然豐富。

我感謝上天給我的勇氣，也默默地祝願世界上因失意而懊惱的人，盼他們多振作一點、多堅強一點！

勇氣（二）

（一九九一年十二月二十三日）

勇氣不一定要在一個人失意時才發揮用場的。

一個人春風得意的時候，也需要勇氣去找尋新的挑戰，發掘自己的過失，開展個人的潛能，將自己的靈性推得更高，把自己的胸襟張得更廣闊。

過失固之然需要勇氣把它改變；潛能亦要有勇氣和毅力才能顯露出來。

請讓勇氣帶領你自己的生命，開創你自己的天地！天下知心人共勉之！

黃金一刻

（寫於1986-87年）

我從來相信：要一件事情做得好，就一定先要有強烈做好該事的意欲。只要一個學子有強烈的求知慾，就差不多可以肯定他的學業成績會有驕人的表現。同樣，只要一個人

有強烈的自我完善的意欲，他的人格也必然會一天比一天完滿、他們智慧亦會一天增長。

近年大學學位大幅增加，學生質素普遍下降，不少往日以同樣成績跨不進大學門檻的同學今天也考進大學來了。然而，我深信，只要他們有強烈的自我充實的意欲，則不難克服學術根底不足的障礙，取得可喜的突破。

在目前三年學位課程的學制中（筆者按：香港的公立大學自2012年起收錄四年制本科生），同學們更必須分秒必爭、有策略地充實自己。即使不談較崇高的理想，同學們仍必須認識到自己即將面對嚴峻的競爭和考驗。轉眼間他們便要投身社會，在大學畢業生充斥的求職市場上他們將會如何使自己脫穎而出？這顯然有賴於較強的語文能力、社交應對能力和分析判斷的能力。更重要的是自己的自信心。如果自己不學無術、語文能力薄弱，又怎能建立自己的自信心？沒有這份自信心，又怎能面對競爭和挑戰？

我說分秒必爭並非過份其辭。大學的學期僅得十三至十五個星期，而大學課程多是頗為艱深、要反覆推敲的。當然，分秒必爭不是說分分秒秒都在圖書館或在家裏啃書。分秒必爭意味著妥善地分配時間：力求在身心平衡下鑽研學問和改善自己做人的技巧。適當的運動和娛樂是必要的，因此

並非是浪費時間。我們手上的時間愈少，掌握時間的運用就愈重要，我們就愈要顧及平衡。

中國人的傳統要求知識份子有崇高的理想和情操。在今日，我深知強求每個大學生都有遠大的抱負和崇高的理想已變得不切實際。然而，機會其實是人人都有的。任何一個人都可以有遠大的理想和抱負，如果不趁著年青去拼搏，又怎知道自己會不會成功？我只希望本文的年青讀者都放下「自己不是那種材料」的思想包袱，嘗試給自己一個機會，因為每個人最多只有一次年青，而這正是黃金一刻！

吃苦

（一九九二年四月二十日）

社會越是「進步」，人往往就越怕吃苦，而且往日一般人都不以為苦的事情竟變成了苦事，被當作苦事。然而，吃一點「苦頭」，做一點人家視作「苦事」的事卻是十分有利於自我成長。要自己變成更堅強、更有耐性和耐力去迎接每一天的人，就非改變好逸惡勞的習慣不可。

有人說：「吃得苦中苦，方為人上人」。這句說話表面

上十分無稽，本身也真的有點無稽，卻也有點道理。不怕吃苦的人才會真正的領略生命的可貴，才會真正的體味到較一般人更豐富的生命。它的無稽之處在於給人一個錯覺，使人以為吃苦越多的人就越高尚。這當然並不正確。一個老是想著自己在「捱苦」的人怎麼能享受人生？一個視人生為苦事的人怎麼會是「人上人」？

我們不以一般人認為吃力、辛苦的事為「苦事」，不介意做一點人家當作苦事的事情，心情自然開朗了，心胸自然豁達，每一天都做一個開心快樂的人，不就是比一般人更幸福的「人上人」嗎？

我們視「苦」為「不苦」，不是刻意地去自討苦吃。我不認為苦可以淨化自己的靈魂，只是覺得事事怕辛苦的人是不可能做事有成，更不可能領略到生命的恩賜。

成長

（一九九三年八月二十二日）

隨著時間的流逝，每個小孩的生理也會成長起來，然而，在心智上可恨的是大多數的孩子在某方面總是不會成

長，甚至萎縮下去，待他們長大成人之日，竟會做出一些不堪想象的傻事，令人唏噓不已。

心智上的成長，最首要的是克服自己不經衡量得失輕重的衝動。在報章上，我們經常接觸到一些為著雞毛蒜皮而與人大打出手，甚或縱火洩憤，弄致彼此傷亡且禍及無辜的事，真的教人痛心！

當然，真的做到「克己」其實是很不容易，要不然，先哲就不會反覆的經常提醒我們。成長也當然不是一朝一夕的功夫所能達致。然而，如果我們根本不把這個目標視作目標，成長只能是空談。

一個心智上成熟的人，一要明白堅持自我成長作為人生目標是幸福人生的不二法門，一要明白自己像所有人一樣、都有人類共有的弱點，對任何過失不要掉以輕心，要切切實實地掌握每一天的生活作為自我成長的肥料，不斷反省，自強不息。這樣，有意義和幸福的人生就盡在自己掌握之中。

生死

自古以來，生死都是人所必須面對的。對大多數人而言，生死始終是一個謎。

一個小生命呱呱墮地時，出生的是誰？

一個生命結束的時候，去世的又是誰？

其實，每一個「生命個體」，都是由多種物質所組成。試想如果科學家有能力製造一個跟自己毫無分別的另一個生命個體，那末「我」跟「我的翻版」該如何分別？如果「我」死了，但「我的翻版」卻未死，「我」算是死了還是沒有死？

按照佛陀的分析，「我」跟「我的翻版」在物質上雖然沒有分別，這兩者卻有不同的過去，他們的身份自然應從他們的歷史中分別出來！

一個小生命呱呱墮地的時候，出生的那位自然是與他過去的歷史相連的生命個體！按佛陀的教導，一個人畢生「造業」，其行為造作、精神力量不會因為他身故而消失，而是會在適當的因和緣的配合下重新再發揮它的作用。這就是「輪迴」。

「生死」只是物質的自然轉化。宇宙間的物質向來就沒有屬主。一個身體的形成和一個身體的朽敗，並不等同「我」的生或「我」的死。佛陀教導我們，誤認會朽敗的「我」為我是眾生的妄想。擺脫了這種妄想，自然就會認識真我，自然就會脫離生死。只是：這種妄想甚難擺脫，世間

上一切損人利己的行為、自大、固執、憤恨和愛欲之所以連綿不斷，都是因為世人以假作真。

輪迴

（一九九八年七月二日）

　　輪迴是佛教的觀念，也是科學的觀念。佛教說的成、住、壞、空指世上一切現象都憑「因緣」驅使生滅。生命形態的成、住、壞、空，乃大自然不可改變的定律。這固然是十分科學的。小雨點從天空中的烏雲掉下來；小山溝在旱季中乾涸起來。這謂之水的循環。然而水點不會毋視當時的條件自動變為氣；水氣也不會毋視當前的條件自動變成水點或冰塊。一切還要看能量的更換。是能量的更換使冰變成水點；也是能量的更換把水點變成氣。能量的交替使有形物改變了形態。同樣，能量的交替也使生命改變它的形式。然而水的本質不變；同樣生命的本質也不變。不同的是，在輪迴中我們反覆學習、認識生命，認識自己。

下午五時於Lake Tahoe.

寄語一則

（一九九二年九月五日凌晨於韓國春川）

孩子們，你們是這個世界的希望，

努力吧，戰勝懈怠的心魔，

衝出無形的牢籠，

解放那屬於你們自己的力量！

你們會看見一個奇異的新世界，

認識你們自己的寶藏。

就是憑那一點一滴、涓流不息的努力，

你們會發現一個新世界。

那蘊藏經年的創造力，

就會像天馬行空，

為你們實現多年的夢想！

孩子們，你們是這個世界的希望，

努力吧，戰勝歧見的心魔，

洞悉神秘的真常，

體現那屬於你們自己的智慧！

不要被「成人」已成之見所愚弄，

他們多是無可救藥，

他們每一天只會詛咒生命、踐踏生命！

他們教你們學他們那套：

自相殘殺、自相毀滅！

「正知正見」只能自己尋找。

就是憑那一點一滴、涓流不息的誠意，

你們會目睹一個新世界，

直觀無常是真常。

孩子們，你們是這個世界的希望，

努力吧，歌唱生命的瑰麗，

何必介懷生死的無常！

生命的價值不在乎長短，

我們只管重質不重量！

一個短壽小孩若能體驗人間溫暖，沐在煦日春風，

其幸福當較很多「長壽」的人為多！

慈悲使生命值得歌頌，

智慧使生死無關痛癢。

孩子們，掌握今天所有，

實現美好將來，

你們直是這個世界的希望。

自愛

一切美好的事情，
由自愛開始。
自愛足以助您
發掘想像不到的潛能，
創造美好新世界。

潛力與能力

朋友啊！
不要低估自己的潛力，
要一心把自己的潛力
轉變成為巨大的能力。

生命伴侶

生命的擔子，
讓我們一起分擔；
生命的情趣，
讓我們一同分享。

成敗與成長

成敗得失，
如水中月，虛無幻假；
自我成長，
如命之花，實在呈真。

常備戰

慎思、勤奮，
備戰！
要打一場燦爛的仗！

機會

一般人多未能察覺
生命給與自己的機會，
以致錯失了寶貴的青春
……遺憾終生！

心跡何用剖白

（一九九八年三月九日）

不少人為求剖白心跡，不惜自毀自殺。

這當然毫無益處。

其實自己的成長是自己的事，

別人的成長是別人的事。

自己不分青紅皂白，是自己的錯；

人家不分青紅皂白，是人家的錯。

心跡只須向自己交待，

從來毋須向人家剖白。

自主與我慢

喜歡自主，是人的天性，

有誰會願意處處為別人所操縱？

然而自主大異於我慢。

自主乃是基於自己忠實的判斷，而作出決定。

我慢則是放棄自己本來的判斷，

只因別人曾指指點點，

便竟放棄了自主。

成長與墮落

（一九九八年四月五日）

自愛、自省、自強，

　　　使靈魂茁壯成長；

自私、自閉、自大，

　　　使靈魂萎縮墮落。

道德和罪惡

　　該如何去理解「世人都犯了罪」呢？

　　我想這應指我們安於不道德的習性，慣於自欺欺人，枉費了寶貴的光陰，辜負了生命給我們的機會。這當然是罪！

我

　　我是一個真正快樂的人，因為我忠誠於自己：我不會因任何理由出賣自己；我凡事只求心安理得，從來無需委屈自己去討好別人；我從來不會做明知會傷害自己或傷害別人的事情。如果我無意間做了一些損害自己或別人的事，我也無需感到內疚。

　　我憐憫一切窮兇極惡的人。但我不會姑息他們。在一個終日傷天害理的人的心中，堆滿了代償的債務，他又如何能領略真正的平安和快樂呢？姑息和縱容他們，只會使他們進一步遠離自救，並會傷害更多的人。

自己的價值

（一九九八年三月九日於日本大阪）

您可曾想過：自己的價值乃取決於己的思想，言語和行為？
它完完全全是自己所創造和靠自己所肯定。
別人盡管閒言閒語，冷嘲熱諷，
只要自己堅持自己的信念，確認自己的價值，不斷摸索，

自己的價值不但絲毫不會損耗，

更會在風雨中獲得滋潤，

茁壯成長。

永遠

（二零零二年五月十九日晨早五時於秘魯利馬）

永遠都要那麼從容不迫，

永遠都不要跟自己過不去。

永遠都要朝著那光明，

永遠都不要墮入那泥淖。

永遠都要抱著信心，

永遠都不要失去希望，

永遠都要尋找真正的自己。

長大與成長

(原載《香港21世紀新一代的成長》，明報出版社，2005)

　　本書的主題是「成長」。我想「成長」應該是天下間最最重要的事情，因此，我熱切希望香港的年青朋友喜歡這本書，並從這本書中找到成長的智慧。你們的將來是喜是悲、香港的將來是美是醜，就視乎你們「成長」的速度和程度。

　　「成長」與「長大」的不同：長大、長高、變老，都是生理上變化使然，只要我們未死，我們總會長大變老。但「快高長大」並不等如「成長」。事實上，一個年長的人更不一定是一個更成熟更有分寸更懂分輕重更識大體的人。因此，當你聽到有人說：「後生仔，我食鹽多過你食米，你懂什麼？」你會知道這個人本身也不會成長到那裏。

　　然而，年青人確然普遍有一些弱點。那就是他們多比較衝動，也因閱歷較淺而傾向自信心不足或自信心過強。但這些都不是根本的問題。最根本的問題就是：自己願不願意擴闊自己的視野、願不願意多與別人溝通、肯不肯多作自我反省、敢不敢接受新的挑戰？最根本的問題就是：倘若一個人故步自封，那麼雖長至一百歲，他的靈魂其實卻並未成長。

　　我這裏講「靈魂」，並非一些形而上、宗教上或信仰上的概念，而是指一個人自我完善的價值。

　　靈魂未成長即是個人沒有「增值」。然則這個「價值」是什麼呢？

　　這價值不是市場的價格，也不是別人給予的，而是自我體驗成長時自己體會到的價值增長。它是一種最寶貴的財富，但與世間財富不同，因沒有人可以把它奪去。它是最實惠的東西，因它就在你生命裏面，由你自己去體驗。

　　我可以這樣說，當你自己看著自己一天一天的成長，那份喜悅是無法比擬的！

　　這成長有什麼內容呢？

　　你有沒有聽聞過有人因一時貪念虧空公款、或因感情問題一時想不開去傷害別人或傷害自己、或因與人家結怨演變成仇殺傷人事件、或因賭癮失控以致與家人反目甚至向大耳窿借債？這些事件在香港差不多無日無之，而上演著這些悲劇的主角涵蓋老中青三代。他們因為未能分輕重以致以「輕」誤「重」。「輕」者，「一時間的得失」──不論是感情上金錢上意氣上的得失；「重」者，「生命」是也。惜生命重生命，則我們眼光闊大長遠；盲目追求一時間的得失，則我們目光如豆，最後落得終生抱憾。

　　除了知輕重、和愛惜自己的生命外，成長也必然意味著尊重別人的生命，甚至各種各類的生命。在大自然界，誠然存著弱肉強食的情形，但雖言弱肉強食，大自然自有其生態平衡的秩序。我們發展科技，利用大自然給我們的一切去改善我們的生活並無不妥，但利用之餘，我們仍得尊重生態平衡和大自然的秩序。成長的一個內容，正是由這份尊重而培養出的一種謙卑。我們不要輕言人定勝天，但須積極尋找與大自然的互相協調，以達到與大自然的和諧。我們需要這份謙卑，因為高傲會使我們失去客觀的分析，也使我們忘記其實我們是怎麼樣倚賴大自然。

　　成長必然意味著對真理的追求和追隨。追求真理，因為我們想知道事實的真相；追隨真理，因為我們別無選擇。違背大自然的法則、違背生命的法則，我們總須付上沉重的代價。

　　二十一世紀的香港充滿懸疑和吊詭。我們確有比前更民主的政制，但我們對民主的訴求從來沒有這麼強烈。我們投放在教育的資源從來沒有這麼多，但社會對教育的不滿卻也是空前的。九七年前市民期待回歸後香港的樓價進一步攀升，樓價卻空前地大瀉。曾幾何時香港面臨勞工短缺和通漲，偏偏就在短短幾個月內香港措手不及吃個回馬槍而面臨

高失業和通縮。過去幾年來，香港人和特區政府都吃盡苦頭。然而，說老實話，不少苦頭是自己招來的。政府要好好檢討，民間要好好反省，我們年青的一代更不容抱怨而要奮力為自己的生命和成長發光！

性與愛的疑惑

（原載《香港21世紀新一代的成長》，明報出版社，2005）

年青人對性與愛充滿好奇與幻想，同時也充滿疑惑。

對某異性有好感，是不是就是「愛上」了他（她）？

「愛情」與「友情」到底有什麼不同？如果戀上了某異性，是不是就應該減少對其他異性朋友發展友情？

「愛情」是不是必須「執著」？一對情人互相是否必須忠誠？夢中情人是否「不容取代」才是愛情的極致？

男女之間的愛跟朋友之間的愛是否不同？

有性治療師侃侃而談「無性婚姻」如何危險。如果「無性婚姻」真的是計時炸彈、「遲早出事」的，那麼無性戀人是否同樣出現問題？既然已經熱戀，「性」是否當然？

有專家說年青人對性好奇，大學迎新淫褻一點的玩意，

「只要不太過份」「沒有必要壓下去」。但其他人士又不以為然，到底年青人應如何看待這問題？

這麼多的問題，那麼多的答案，看似複雜，其實不然。

「愛」就是「愛」，「真愛」是沒有附帶條件的、是自然而然的，哪裏有分男女之愛、父母與子女之愛、或是朋友之間的愛？

人與人的關係不同，但真愛的本質始終是真心真意為對方著想、盼望著對方獲得幸福、願意為對方付出，而不問酬報。

人與人之間因不同的緣份而認識，愛也因這些緣份帶來的接觸萌芽，但真愛並非建基在這緣份之上。難道本來愛一個人，只因為彼此關係有變，就不再愛她嗎？

當然「愛慕」則作別論。對異性愛慕、難免會心存佔有之想，但這始終與「真愛」沾不上邊。

「愛慕」與「戀上」當然是衝動的，而正因為它是衝動的，它往往也是盲目的。但是所謂「真的愛上」一個人就只是這樣的一份衝動而已。用不著去美化它神秘化它。小說和戲劇中的「非君不嫁」、「非君不娶」都不過是這樣的一份衝動而已，談不上真愛。因此，失戀從來不是天要塌下來的大事，戀上的人遭逢不測自己自然難過，卻也從來沒有殉情

的必要或道理。

當然，人是感情動物，感情深厚的一對夫婦或戀人互相在情緒上產生倚賴，是很自然的事。但過份的倚賴卻是一種「心病」。因此，愛一個人，希望她幸福快樂，就要希望他／她對自己在情緒上不會過份倚賴。否則要是自己遇上不測，對方又怎能面對呢？可惜我們的戲劇和文人往往偏就要歌頌這份倚賴，間接孕育了不必要的悲劇！

如果愛就是那麼簡單，顯然愛不一定要有性。愛也不一定要包含「愛慕」。一對夫婦縱使再沒有性，並不表示他們的關係就「亮起紅燈」。一個深愛丈夫的妻子，不會因為丈夫性能力減退就會棄他而去。這樣說，當然並不等於說相戀之人不可存真愛，也不等如說「互相真愛」的人不可以同時「相戀」。在夫婦之間，性關係可以是表達互相關愛的方式之一。在朋友之間，則採其他的表達方式。表達方式盡管不同，「真愛」的本質卻無二致。

在現代的社會，人與人之間互相關愛、互諒互讓，當然是最理想的，但理想跟現實總有相當的距離。我們不指望墨子宣揚的「兼愛」可以流行於世。但是我們卻起碼要互相尊重。互相尊重就是互不侵犯：不單止在行為上互不侵犯，也須在言語上互不侵犯。這就是為什麼「性遊戲」不宜在大學

迎新營搞。在迎新活動，大家素未謀面，怎麼能把自己覺得「過癮」，別人可能會覺得不舒服的遊戲強加諸人家呢？

　　我想：大學生起碼要學會尊重別人的感受。年青人對性充滿好奇和幻想，我們當然認同，但年青人始終要懂得尊重別人，一不強加性行為於別人，二不強用與性相關的言語做成人家不安，自己則對自己的行為和語言負責。自己要獨立地在不侵犯別人下選擇自己喜歡的生活方式。這些都應該是我們對年青人合理的期待。

愛

（二零零六年十月六日）

愛是源自內心的一個願望

盼望對方有安穩無憂的生活

盼望對方衝破界限盡展潛能

體現豐富的生命

趨吉避凶

幸福快樂

純淨的愛不夾雜其他

廣博的愛澤及一切生命

頑強的愛歷久常新百折不撓

忘我的愛不惜犧牲一切

愛是對生命的認同

捨此並無他愛

愛無關條件更不是交易

愛不求任何回報

愛是最大的動力

愛或始自一種關係

卻必須超越任何關係

愛是衷心的祝福

禿的梧桐

（二零零三年七月十三日於Denver）

記得中學時讀過一篇散文，題為〈禿的梧桐〉。文章歌頌梧桐樹在百般摧殘中不停奮鬥，不停適應變化中的環境。秋風一起，它主動地卸下片片葉子；苦寒的冬天，它靜悄悄地忍受凜烈的風雪；夏日雖好，它卻仍得面對螞蟻的侵蝕和風雷的打擊。年復一年，只要春天一到，禿的梧桐身上總會一再吐出新芽，未及炎夏已又重見綠葉成蔭的景象。

然而，某一天勇敢的梧桐樹終不敵歲月的摧殘倒下。樹身雖損，它卻留下捲土重來的種子在地上。

梧桐一生奮鬥不懈，卻時刻都順天而行。每個秋天，它謙虛地卸下每一片葉子。冬天裏它默默等待。春天來了，它

不會虛渡重新振作的時光，只會吐新芽、萌新葉。

　　人生路上，不也是如歲月流轉，時而秋來，時而春至？有等待的時候，有振作的時候，有戰鬥的時候？

　　考試未必如意，求職可以失敗，很多嘗試都可能碰着釘子，但是就是那一鼓奮鬥的精神永遠不能倒下，這才是成功的人生。「時不與我」時務須保留實力，機會來時務須珍惜把握，這就是梧桐的一生，也是真正成功人生的要旨。

生活的藝術

（一）心跡

　　我們在生活中，經常碰到一些不講道理出口傷人，或無理誤解我們的人。不少人會因此而感到懊惱。然而，這種感覺毫無必要，我們更無任何理由傷害自己去「表明心跡」。如果錯在別人，就讓他們自尋煩惱，反正他們需要從錯誤中學習。如果錯在自己，當然應檢討如何改錯。在世界上免不了會有些人永遠不明白自己，這是我們得接受的現實。我們管不著人家如何想。但我們得管自己如何去想。我們必須試圖明白自己，並從自己的缺點解脫出來。

（二）計較

　　在人生中，有些事情我們必須斤斤計較，有些事情卻不應過於計較。每一天都是我們學習棄惡從善的黃金機會——我們要好好地過每一天，要腳踏實地的去體驗和領略生活給我們的啟示，要去發揚個人的潛力，要發掘內心的寶藏。因此，我們應視每一天都為至寶：利用每一天的生活去換取更高的智慧。智慧才是我們真正的財富。我們不要計較智慧以外的得失，計較智慧以外的得失終會使我們陷入痛苦的深淵，使我們喪失智慧。

（三）幸福與享樂

人生的目的就是謀求幸福，然而謀求幸福並不等同奉行享樂主義。幸福只能建基於心靈上的自由和安穩。使人沉溺於逸樂而難以自拔的享樂主義卻使人喪失自由和安穩。

（四）謊言

在世俗人的生活中，謊言和隱瞞是必需的。然而，如果你真的碰上了一個心靈成熟，充滿睿智的人，謊言和隱瞞就變得毫無必要。你可以對他絕對信任，因為充滿睿智的人必然是慈悲的。他不會加害於你。由於他具有智慧，你不用擔心他會像世俗人一樣因了解真相而苦惱。

在世俗人中的生活，謊言和隱瞞是保護自己和避免傷害別人必不可少的手段。因此某些謊言和隱瞞都是必需和合乎道德的。然而，要是我們編造謊言去欺騙自己，則肯定是不道德。一切企圖用來欺騙自己的謊言都是罪惡。你無可避免地要為自己的謊言負責。你縱能欺騙別人，卻永不能欺騙自己，你一定要承擔謊言給你帶來的一切惡果！

（五）祈禱

我自小就會不時祈禱。我祈求自己能夠得到智慧。除此之外，我也會為所愛的人祈禱，希望他們健康快樂。我不曾祈求自己「發達」，或得到任何什麼。

（六）不害

無論發生什麼事，在我一生中，我不曾想過加害別人。我永遠不會傷害任何一個人。

風月與琴書

（一九九八年九月三日）

友人給我題了一幅字：

風月暢懷抱、琴書悅性靈。

我喜歡極了。

誠然，大自然的美，足以洗去不少煩惱。無論是花草樹木、晨曦晚風、日月星晨、鳥獸蟲魚，都足以使人感到釋然。

至於音樂書畫，更是人類藉以溝通內心世界的橋樑。

能抽身於世俗瑣務之處，

有機會欣賞風月琴書而自得其樂，

直是人生中難能可貴的福份。

食色性也

食色性也，古有明訓。好色好食乃人之常情。然而，戀色戀食卻是十分愚蠢的。戀色戀食的人眼光狹小，以為人生沒有別的更有意義的事情。縱色縱食的人所闖的禍，小則傷身害病，大則毀家滅國。自古以來歷史上的例子不可勝數。即使今天，新聞媒體上也同樣充斥著因桃色事件發生家變，甚至殺人害命的報導。

不戀色不戀食並不是說不享受色不享受食，只是不會終日思色思食，或失其節度，以致因色因食而生怨憤憎恨，或因沉迷色食而平白錯過了體驗更豐富人生的機會。

生活

（二零零一年二月二十一日）

地鐵站走廊的通道上，

走動著往返的人潮。

他們想著什麼？

他們追求什麼？

他們在編織糊塗的故事，

還是為自己的靈魂謀幸福？

放縱與自由

（二零零一年二月二十一日）

放縱的人冀求自由，

卻在放縱的生活中失去自由。

放縱的人自覺地追求自由，

卻不自覺地放棄了自由。

放縱了野性的心，

失掉了自在的心，

換來的是空虛和痛苦；

是靈魂的墮落，

是無止境的束縛。

自由

（二零零一年二月二十一日）

廣闊的天地

就是我的家；

自由自在

就是我的理想。

多年前家書中的寥寥數語

仍是指引著我前進的晨星。

早已立志擺脫心靈的枷鎖，

視每天為開拓自由空間的土壤，

我默然祈禱。

淚

（二零零一年二月二十日）

淚是上天給人類的恩賜。

悲慟時，淚潸然流下。

喜極時，淚如泉湧出。

淚後一刻就像雨過天晴，

整個人感到舒暢，像獲注入了新的力量。

能因目睹別人的痛苦下淚，

能因目睹別人的快樂下淚，

能因覺悟下淚，

我自覺無比幸福，

因我見證了靈魂是活著的。

胡國亨《浴佛簡有感》，七律原詩

胡國亨

2015年5月

法相真如沒跡尋，可憑一念渡蒼生？

佛如情苦難登岸，色到空時化劫塵。

香火今朝薰上界，靈山四處繞梵音。

西天極樂何為樂？淨土光明照幾人？

胡國亨《浴佛節有感》
何濼生（試改版本）

2015年6月

法相真如沒跡尋，但憑一念渡蒼生；

一念情真談何易，虛妄原是多劫塵。

香火枉燃薰上界，靈山四處沓梵音。

若能放下自為是，淨土光明證佛心。

五言《平心靜水度歲年》

心平如靜水，
懷暢似詩仙。
得失同水月，
悠悠度歲年。

The Tranquil Mind

(August 20, 2007, Takayama Japan)

With a mind level and calm like water in a well,
And a sense of being at ease like fish in a mountain stream,
Take gains and losses no different from the moon in a pond;
Watch the years flow, like scenes in a dream.

人際篇

天地間 Tiandijian

愛為何物

愛，就是愛護一個生命。為了要讓一個生命能獲得最好的發展，我們所付出的一切努力正是愛的體現。

我們何以會愛護一個生命呢？原因只是基於對那個生命的認同、尊重和寄望。

人既然有了生命，便擁有愛的潛能。但不是每個人都同樣能愛。能愛的人的靈性發展較不懂得愛人的為高。由於他們的愛心正在燃點，他們就能勇往直前、克服萬難，為自己的理想而奮鬥。

相處

（一九九二年一月二十六日）

與人相處真不容易。當然，隨便敷衍應酬倒是挺容易！但是敷衍應酬談不上真的與人相處。在敷衍應酬中，我們所付出的，僅是氣力金錢而已。付出既然不多，就不能冀望能得到高層次的收穫。

與人相處難，難在你往往不會知道人家會如何待你。善

意的批評不一定會被接受；坦率的表白可能會被視作冒昧；無心的說話也可能在無意中傷了別人內心深處。

與人相處是一種要冒風險的活動，因為你永遠沒有絕對的把握會實現你預期的結果。你待人以誠，不保證人家就必然會待你以誠。這個世界，以德報怨的人固然少之又少；以怨報德的人卻又大有人在。

一些人在與人相處時碰了幾次釘，就不敢再冒與人相處所帶來的風險。他們不敢和別人溝通，寧願孤獨地生活。表面上，他們自卑和內向，但其實他們的自我形象並不一定比別人的低。他們只是「風險迴避者」：在過去曾經遭逢別人有意或無意傷害，他們也就不想再冒這個風險。與其說他們自卑，倒不如說他們自保。

與人相處雖然免不了要冒上無意傷人或被人傷害的風險，卻是個人自我成長的必經之路。每一次不愉快的事情發生，其實就是我們自我反省、了解人生的大好機會。只要我們從經驗中領取教訓，而不介懷自己的得失和人我之間的利益，與人相處絕對是「高回報」的活動。與人相處使我們更加認識自己、認識別人、認識人生、認識社會。我們一方面進一步明白愛與恨、真與假、情與義；另一方面更會得到一些知心的朋友。在這個浩瀚的宇宙中，能夠得到三兩知己互訴心曲、互相扶持，應該是人生最大的幸福！

彼此之間

　　一個座談會上，講者問在座父母：在自己、配偶和子女間應把誰放於第一位。答者有以配偶、並有以孩兒作為首要。最後，主持人說：根據專家研究所得，其實把自己放於首位是對整個家庭最為有利。若自己不快樂，自己的根本需求尚未滿足是很難有能力或心情去照顧家中的其他成員。

　　其實，與其放自己於第一位，倒不如對家中各人（包括自己）都一視同仁。每個人除需要起碼的休息和心身平衡外，在一般情況下也應盡量照顧各人的起碼需要。「起碼需要」指個人生理上之需要，如睡眠和食用等，故各人的「起碼需要」是不同的。同時，各人的處境改變，對各方面的需求亦會改變，因此，一視同仁應該靈活地實行，更應考慮各人的不同的性格和心智發展的階段而作出適合的權宜。譬如對小孩子就要在形式上平等；對明白事理的成人則須更注重互相尊重和關懷。

　　成人中，對「事理」的理解和明白也可以有很大的差別。由於彼此的處境不同，觀點極可以出現分歧。強求別人要像自己一樣去理解事物只會產生不必要的磨擦。容忍不同的觀點並不容易。不過，只要坦誠相向、互相關懷，觀點不

同不但不會構成感情上的威脅，反而增加生活情趣。

　　互相關懷不單是給與，亦也不只是接受。有時樂於接受別人關懷和好意是非常重要的。不論自己的出發點如何，拒絕親人的好意有時只會增加對方的煩惱和焦慮。當我們在與他人生活時能多留意對方的感受，家庭生活自然會更加愉快。

原諒（一）

（一九九八年八月五日於多倫多）

　　一個人的罪孽是不可能只憑別人的原諒而消滅的，然而原諒有時會誘發一個罪孽深重的人去懺悔，而至誠的懺悔確然可以使罪孽消減。

　　原諒別人是一種美德，因為它既能幫助曾作惡的人去惡從善，生慚愧心，也能幫助自己成長，使自己變成一個更寬容、更了解人生、更富慈悲和更有智慧的人。

　　缺乏原諒別人的胸襟，只會使曾受傷害的人更痛苦，卻無法從痛苦中獲得成長。

　　原諒對一個死不悔改的惡人一點用處也沒有，絲毫不會為他帶來救贖。相反地，對一個良心仍未完全泯滅的人，原諒足以帶來起死回生的效果。如果原諒引使一個人覺悟前非，那真是功德無量，人天共讚。

原諒（二）

（一九九八年八月二十四日於布拉格）

原諒並不等同赦罪免刑。原諒純是個人的發心。

赦罪免刑則是執法機關的行為。原諒是出自己個人內心的既往不究。赦罪免刑則是執法機關對罪行從輕發落的措施。盡管我們對一切惡人均應採取原諒的態度，執法機關隨便予犯了罪的人以赦罪免刑卻是十分危險和不智的。

發自內心的原諒和盡量給惡人自新的機會是應該肯定的。然而，給惡人自新的機會應堅守一個原則：就是不要提供錯誤的訊息，使人產生姑息養奸的印象。事實上，適當的懲罰使惡人反省思過，足以產生正面的效果。相反而言，不適當的、過重的懲罰使惡人對社會更為仇視，反而不利自新。

因此，對惡行懲之以嚴，諒之以慈，乃文明社會及開明人士維持社會治安所本。

一個感人的故事

譯自一九八一年三月十五日星期日多倫多《星報》

　　又叫ＪＪ的約瑟‧阿斯本是一個五歲的小孩。他年紀雖小，卻早立下大志，他要做一個飛機師，又要像加拿大的抗癌英雄德利霍斯一樣能夠勇往直前地奔跑。

　　他三十四歲的母親曾說：「ＪＪ的意志十分堅決，我知道總有一天他會如願以償，當然他不會像我們所想像的跑，但肯定他會跑。」

　　ＪＪ要學會跑步之前還得克服一些困難。他出生的時候並沒有完整的四肢。目前他有四隻義肢，他大概是加拿大依賴四隻義肢人士中最年幼的一個。

　　ＪＪ是阿斯本家庭中十二個孩子的其中一位。十二個當中有十一個都是有「特殊需要」的，且都是阿斯本兩夫婦所收養的。阿斯本家，丈夫叫雷，三十六歲，當汽車修理員。妻子叫支那，三十四歲，留在家中照料孩子。

　　孩子中，十一歲的大衛是失明和腦部曾遭損壞的。九歲的多蘭有較重的脊髓問題，卻打算學踏踏舞，八歲的奇利士有癲癇症。除了九歲的親生兒子約翰五官端正，身體正常之

外，其他都有不同的缺陷。

三年前，當阿斯本兩夫婦收養ＪＪ的時候，社會工作者和醫生都一致認為ＪＪ會經常依賴別人，他不但缺少了四肢，還有輕微的大腦癱瘓和其他問題，引致他舌頭的運用發生困難，差不多不能生活。

他們這些估計被證明錯誤了。

他們低估了ＪＪ克服困難的決心和勇氣。自從十八個月前，他學會了利用枴杖走路後，ＪＪ的摩托輪椅已經未再用過，蒙上了不少塵埃。

每一次ＪＪ掌握了一個新的技術──無論是自己坐起來、搔自己的鼻子，或是在沒有扶持的狀況下向前踏上一步─都是感人的一幕，象徵著他個人的勝利。

他母親曾說：「他知道自己應該往那裏走，自己生活的目標。」

上個星期，去醫院後返家途中，媽媽問ＪＪ為什麼他走得這麼快。

ＪＪ回答說：「我該走快一點，我快就要學會跑步了。」

在阿斯本家庭中，ＪＪ變成了一股拉攏大家感情的力量。他母親支那說：「這個小孩學一件新東西的時候，往往

花上幾個小時：未學會的時候他總是不肯罷休。他這個小頑固，做什麼都像是非成功不可的。」

阿斯本兩夫婦經常鼓勵孩子們凡事盡力而為。對ＪＪ來說這就是得到良好教育的意思。他的母親說：「跟正常的人比，他唯有靠運用腦袋。太多有特殊需要的小孩被人家的對待變得凡事自卑，我要叫他們不妨給自己定一個較高的目標，好去振作一番。」

ＪＪ的下一個目標是自己上梯級。目前他在一所供正常兒童上學的幼稚園上課，兩星期前，還參加了小童戶外訓練。

醫生們不知為什麼ＪＪ出生便缺乏了手腳。他缺少了右手肘和右膝以下的部份。左手是變了形的「翼」似的東西。左腳只是一個短短的肉團。

出生的時候，他哭得很多，十四個月大他親生父母便把他交往一收容所。

那個時候，一個社會工作者形容他為弱能兒童。他消化不良，不能控制頭部的運動，講說話模糊不清。

兩歲的時候他的臀骨做過一次手術，同時他又得到了第一隻義手的手鈎。他學會如何利用肩膀上的肌肉去控制這個鈎。三個星期前，又得到了一隻電動的手臂和手。

三歲的時候他得到了一雙義腿，這雙腿緊緊地束著他的身體的上部。一年後，他開始利用一個有輪子的平衡架自己走路。

他母親說：「那個時候，我們都渴望他會有一個能轉動的膝。筆直的腿是不能用來踢球的。」

當他學會用柺杖的時候，他又得到了一對新腿。

直至去年，ＪＪ還未能說話，現在，經過了很多個小時的語言訓練後，「你簡直不能叫他住口。」他的父親這樣說。

「我第一次看見ＪＪ的時候，我察覺到他眼睛特別閃亮，他常常靜靜地聽別人說話。當他能說話的時候，我們才知道，這漫長的日子裏，他內心竟原來是有千言萬語，卻是欲吐不能。」

他報名上幼稚園的時候，他恐怕自己的缺陷會妨礙進入一般的幼稚園，便在註冊處大聲地說：「我在此，我在走路。我現在要上幼稚園。」他最後如願以償。

「他使別人覺得安樂。」阿斯本太太這樣說。「看見他，我才明白，沒有什麼是足以令人悲哀的。」

寬恕與承擔

（二零一一至一二年間）

　　柴玲發表公開信《我原諒他們》，說因著她的基督教信仰，原諒六四事件的主要決策人，包括鄧小平和李鵬，以及衝進天安門廣場和殺人的士兵。她說：「寬恕充滿心靈，持久和平才能到來。」

　　這份寬恕到底是什麼？作為一個普通人，柴玲能否寬恕別人的罪責？作為一個犯了罪的人，又能憑什麼去要求別人的寬恕？

　　記得大長今的一幕，當時陰毒的崔尚宮已窮途末路，自己沒有徹底反省自己的罪孽，卻要求長今寬恕她。長今堅持說：自己做過的事當然要承擔後果。

　　寬恕別人只能是放下對仇人的怨恨，做錯事的人仍當承擔後果。怨恨很難放下，這是人之常情。怨恨通常持續煎熬著當事人。是以寬恕其實主要是善待自己，而絕不是為罪人免責。而且寬恕更必須包含對錯事的認知。

　　我認同寬恕充滿心靈，持久和平才能到來。心中如果仍充滿怨憤，我們是不可能理智地為中國尋找到達致持久和平

的出路的。同樣，沒有寬恕，巴勒斯坦和猶太人之間就不可能消除芥蒂，中東出現持久和平只能是空想。

親情篇

天地間 Tiandijian

懷念至愛的母親

（一九九七年二月二十一日）

　　母親離開了我們已有一百天了！但母親的容貌、神情和聲音，仍是那麼的清楚、那麼的歷歷在目。

　　母親把自己的大半生都奉獻了給兒女，即就是我們。勞勞碌碌的一生、無微不至的細心、不望回報的奉獻，為的只是要我們——她的子女——能夠生活得更好、更幸福。有這樣的一位母親，我確是無比的幸運。在她的庇蔭下，我得以成長、得以接受最好的教育，並體會到愛的甘味。

　　猶記得小時頑皮好玩、屢教不改的我，若要不是小學升中試成績不理想而猛然發心努力，大概早已辜負了她的恩澤。

　　最記得小學三年級，對我學業成績欠佳失望動怒時的她；也記得帶我去某校排隊領取報名紙時陽光下的她。永留在我的記憶中，還有在升中那年，她為我找學位而東奔西跑、和取報名紙時與眾多的家長碰撞的情景。

　　我第一次懂得要珍惜她的存在是我讀中三那年。當時我們仍住在紅磡寶其利街。有一天，她突然腹痛得不得了。母親本是一個十分堅強、十分捱得痛、不輕易向別人抱怨病痛的人。那次她竟主動要求往診所看醫生。後來更要轉送到浸

會醫院，動了手術把腹內的灌膿清理，最後她還要留院多天才能從急性腹膜炎康復過來。

這是我第一次嚐到差一點失去母親的滋味。一年後，母親又因腸結病而要接受第二次大手術。

母親一生捱了不少苦。年青時，她像那個時代的中國人一樣飽受戰火的煎熬，經歷過與親姐妹失散和目睹親友在戰亂中遭殺害的痛苦。我自小家境並不富裕，父親經常因幹活未能給她支持，在這境況下要生養七個兒女確是不簡單。一直支撐著她要捱下去的，就只是寄托在我們的身上的希望！

我的母親真真正正的做到處事有條不紊、理家無微不至。每一天清早，母親都會替我們洗毛巾，抹桌椅，弄早餐。每一次舉辦家庭活動、旅行野餐、上茶樓、看電影、或出外參觀工展會或什麼展覽等，無論在什麼地方、遇到什麼需要，母親總能從她的手袋或手提包找到需要的東西。

然而，我的母親只是一個很普通的女性。雖然她對兒女最盡責任、最關懷備至，但她並不是什麼完人，也不是書本中所描繪的那種任勞任怨的母親。雖然她有豐富的同情心，她還談不上是一位慷慨地幼及人之幼的仁者。但她從來不會做任何傷天害理的事情。除了愛抽煙以外，她沒有其他不良嗜好。

歲月不饒人。我們越是長大，母親也就不斷衰老下去。

但是，年老的母親竟也變得活躍起來。這是我們做子女所最感快意的事情。我們的至愛母親，突然數年前風雨不改地去晨運！她跟別人學起太極十八式之外，又參加老人會，打門球和學書法。她很疼愛我們的兒女即她的孫兒孫女。在有需要的時候，經常為我們看顧他們。我們偶爾也帶她和父親外遊。父親也會帶她到過不少地方。她的足跡已遍及歐美、東南亞和中國！我的母親開始體味到豐富的人生！

只是，這段黃金的日子畢竟太短了。我至愛的母親於一百天前因病辭世。但我們從她那裏獲得的庇蔭仍守護著我們，只是她已離我們遠去。我們將永遠懷念我們至愛的母親！

沖繩那霸

輪迴

（一九九八年七月十八日）

我們一行十人，年紀最小的是我弟弟的兒子，年紀最大的是我年邁八十的父親，浩浩蕩蕩的往歐洲渡假去。

這是經多時策劃的一個假期，我們都帶著興奮的心情上路。唯一遺憾的，是我的母親，她已因癌病去世逾兩年。要是她能與我們同行，多好！

奇怪的是在某個城市的車站，我們目睹一個老婦，獨個兒坐在長椅上，樣貌和身材竟和我已去世的母親無異。

更奇怪的是她自怨自艾，發出的聲音竟是那麼熟悉，跟我母親的完全一樣。

我趨前向她說：「你有沒有甚麼需要呢？沒有親人嗎？」「沒有親人。」我聽著她那喘氣的聲音，真和我母親的一樣。我便禁不住緊抱著她，並大聲對她說：「媽媽，我是亞濼呀。」

她十分高興的對我說：「你是亞濼，那太好了」，跟著她便泣不成聲。

她對我說：「你看我的樣子，這麼衰老，身體這麼不中

70

用，還要愈變愈醜……」

我也哭了起來，對她說：「不用怕，你將會換過一個新的身體，從新做人。這不是我作出來去騙人的故事，是我從佛陀的教導得悉的，在這個輪迴的過程中，你會變得更完美，你最後會十分十分的美。你得要勇敢的去面對目前的一切！」愈說愈大聲，完全忘記那是公眾的地方。

她哭著，我也哭著。在昏昏沉沉的那一剎那我在床上醒來。顯然這只是一個夢。但內容竟是那麼完整，那麼清晰，我遂於那清晨五時的時分提筆記下。

結婚

「我要你像一面忠實的鏡子，對我的坐言起行如實地反映給我知道，因為人常不知不覺間欺騙自己。世間上有自知之明的人實在不多！」

「你是我的朋友，就像別的對我誠懇的人是我的朋友一樣。不過，天下間的朋友不免常要分離，因為大家有自己的理想要追求。你做我的妻子，就分擔了我的 Karma （業力，佛家語，指思想言行的後果）和理想。我跌倒的時候，希望你會給我扶持。我走錯路的時候，希望你會給我指引。我們

會成為生命歷程的伙伴。我希望大家可以彼此成全大家的願望。」

「夫妻不應是互相束縛的兩個人。如果我們任何一方感到有被束縛，這個婚姻就再沒有保存的價值。我們就應分手，清脆利落地分手。」

「我們都要成長！我們要在成長中互相扶持！讓我們的生活都變得更有意義——這就是我們共同的責任。」

「我不管你現在成長到那一個階段。總之，你真心真意地接受這個責任、這個挑戰，我就覺得心滿意足。」

「我有高的理想，但我的弱點常妨礙我的前進。你可以給我耳光、給我當頭棒喝。我請你萬勿忍讓我的過失！」

「我永遠不會忍讓你的過失；因為我要做你的一面忠實的鏡子。」

「有些夫妻對彼此的過失忍氣吞聲，以為這樣對彼此有好處。但是，除了養成對過失的麻木之外，他們又達成什麼呢？」

意蓮答應做我最忠實的鏡子。我們就充滿著希望，踏上新的生活。

家書一則（一）

（一九七六年四月九日）

　　父親、母親、姐姐、弟弟、妹妹！你們看我現在的毛筆字寫得怎樣？我現在邊聽音樂、邊練字、邊寫信給你們問好。我聽的音樂是非常動聽的古典音樂，如流水、如輕波。緊時像水在沸騰；鬆時又像輕煙。我愛聽音樂、愛彈琴（假如我會！），和作曲。小時曾喜歡作畫，但美術和繪畫始終沒有像音樂那樣能夠把我心裏的願望和激情釋放出來。

　　我的生命就像一小夜曲，一方面滿足我自已發揮的願望；另一方面要向知音人傾訴真善美的旋律。我希望這旋律永遠不停地鼓盪，並且愈奏愈響，直至充滿整個宇宙。宇宙，就是這無邊的宇宙；音樂，就是這美妙的音樂。多好！

　　廣闊的天地就是我的家，自由自在就是我的理想。要生活就得生活得豐豐富富，有誰不喜歡一個美滿的人生？但多少人懂得如何走人生的道路？不過，只要立志走這條道路，誰都會走。

家書一則（二）

阿甲、阿乙

你們都好！我希望你們不會因為要照顧ＸＸ而身體過勞。你們也要好好照顧自己才好！

今天多倫多《星報》副刊Today刊登了一個頗感人的故事。有一對夫婦產下了一個唐氏綜合症的孩子，初期情緒十分低落，經過一番內心的鬥爭，終於接受了現實，把悲傷的心情化成力量，一心一意克盡父母的責任，努力照顧小孩。母親Daisy認為：「唐氏綜合症雖然是一個問題，卻不是一個悲劇。真正的悲劇是當人喪失了愛心，或是沉淪在沮喪的心境裏。」她說：「不是身體無缺陷的人才配去生活。唐氏綜合症孩子都是可愛的和快樂的人。他們從生命中得到的，往往比正常人更多。當我和Suzanne出外散步時，一感到微風迎面吹來，她就快樂地張開笑臉。對她來說，這已是不節不扣的享受。難到我們有權去決定她配不配享受生命給她的一切？」

有一些父母對於產下Down Syndrome的孩子有內咎感。其實這是不需要的。總之自己沒有做錯事，又何須自責？Daisy的一個同事對她說：「Suzanne就是神要她背上的一個十字架。」Daisy對這位同事的好意反而覺得尷尬。她認為：

自己有個唐氏孩子並不是神的旨意，無非是偶然的事情而已。

其實，即使從佛教的觀點，產下唐氏孩子也不是一項懲罰。因果是十分複雜的事情。從佛教的觀點，一般人在過去都種下不少惑業——就是顛倒黑白，糊裏糊塗地生活。這些惑業就像種子，適時便會發芽結果。但某時某刻的情況並不代表某人的善根比別人多或比別人少。佛教我們不要起分別心。總之，人人皆有佛性；人人都可成佛。任何人都不應自卑，也不應自負。想像自己善根比人家深厚或淺薄都不應該。總之從今天起自己要管好自己的份內事。心裏常以慈悲為本，智慧為燈，則凡事都將可逢凶化吉。別人冷言冷語、或彈或讚都大可不理，內心自然平安。平安就是莫大的福樂。

從佛教的觀點，出生時的天賦條件並不重要；當下的心境才是最重要。今生是唐氏孩子，下生是個大智大慧的人並不稀奇。同樣，今生智比人高，下生淪落旁生道亦有可能。聰明絕對不足恃：這是佛教哲人的觀點。

站在非宗教的觀點，我相信唐氏孩子一樣懂得愛是什麼。況且不少唐氏綜合症患者還能自立謀生。加國一位唐氏青年，現年19歲，在加拿大廣播公司當藝員，就是這樣的一個人。

　　我懇切希望你們一家人會勇敢地和充滿愛心地面對未來每一天帶來的挑戰。

濼生

一九八二年八月二十二日於多倫多

母親的追憶

（二零零五年七月九日，返港機上)

母親已昏迷了十小時，

呼吸卻是異常的響。

我們都知道她不會再醒過來，

在分秒間她就會離開。

那是八年多前十一月的一個清早，

天還未亮，

我們都在她身旁，

守著她那被癌魔蹂躪瘤瘺的身軀，

待最後一刻的來臨。

母親，我是那麼的想念你！

每次看見米奇那趣怪的樣子

我會想到

要是你可看到，多好！

母親，我是那麼的想念你！

你常為我們看顧的知明

已考入他心儀的大學。

要是能與你分享那份喜悅，多好！

母親，想到你對我們七兄弟姊妹的恩情，

想到你為我們付出的一切，

除了落淚我還能做什麼？

小玩物

櫥窗後擺放了精緻的小玩物：

小熊、小貓、小狗、小象，

小屋、小樹、小兵、小飛俠，

還有一樽益力多，

都擺放得有條不紊，

盡顯媽媽的細心，

盡顯媽媽對孩子的惦念。

玩物後小小的牆壁刻上了孩子的名字，

還有他出生的年月日，

還有他離世的年月日。

教小朋友着迷的玩物背後，

是母親父親的哀愁。

二零零六年四月五日清明

祝禱

你在人生的交叉路上

迷霧中難辨方向

但你有一顆奮發的心

努力苦幹只惦掛著心中的理想

結果雖難逆料

但你奮發的心就像那戰場上的號角

響徹曠野

你在人生的交叉路上

迷霧中難辨方向

你在友儕推波助瀾中

喪失鬥志只管想著虛擬的空間

前景似屬渺茫

但你遠處的家人始終惦念著你的幸福

為您默默祝禱

你在人生的交叉路上

迷霧中難辨方向

但你有一顆熱誠的心

盡力探索只管抒發心中的動力

結果再不那麼重要

因你清楚知道：你曾頑強地至誠地生活

終生無憾

Warsaw往Gdansk（格但斯克）途中

二零零四年五月十三日

守護著、守護著

我多麼盼望

能守護著

我的女兒

女兒一天一天成長

自己一天一天的蒼老

其實我一直沒有想過老

只是有一趟我發覺一位老者

完來比自己年輕

那就不得不面對老的事實

那就不得不更深切盼望

盼望女兒能懂得照顧自己

盼望幸運之神能守護著她

盼望生命可以持久一點

讓我可以守護著、守護著

澳門

二零零四年五月二十一日

父母心（一）

（一九九八年八月二十八日）

有哪個母親或父親

不曾為自己的孩子的將來寄以厚望？

然而，將來就像茫然大海，

隱藏著危險，

盡管也隱藏著機會。

幸福絕非必然，

盡管它是人類共同的願望！

勇氣、毅力、智慧，和健康，

是最寶貴的恩物、真正幸福的泉源。

有哪個母親或父親不希望自己的孩子，

既有勇氣和毅力，

又有智慧和健康？

然而天下間有哪個父母懂得

如何把真正幸福的鑰匙，

穩妥地送給自己的至愛自己的孩子？

父母心（二）

（一九九八年九月十二日）

你期望他勇往直前，

他卻怯懦如鼠；

你期望他堅毅不屈，

他卻半途而廢；

你期望他智比人強，

他卻終日垂頭喪氣。

多少父母天天為自己的兒女沮喪，

為的只是目睹子女不自覺地自毀前程。

你著急嗎？

他若無其事。

你責罵他嗎？

他愈與你疏遠。

天下間的父母啊，

千萬不要為自己的子女難過，

只須自己勇往直前堅毅不屈，

這就是你的子女最需要的榜樣。

子女的生命何用費神，

只管讓他們自己掌握，

一切任其順乎自然！

父親 *Dad*

(written in Shanghai, September 29 2008; English version HK

October 6, 2008)

小時曾畫過一幅畫，

是我和父親在一起的素描；

還有一幅父親踏自行車，

變黃了的紙載著久遠的回憶：

五六十年代寶其利街的日子。

A drawing I did when I was small,

A sketch with Dad and me;

Another one pictured Dad on a bike:

A drawing on paper already yellow with age,

Memories from days back in the 50s and 60s,

Days when we lived in Bulkeley Street.

小時父親終日在外，

星期天卻是家庭的大日子。

父親不會吝嗇他的時間，

母親亦不辭勞苦陪著我們，

照顧著一家一整天的需要。

When I was small Dad worked all day

With the exception of Sundays

When Dad would always be generous with his time;

While Mom was generous with her care:

Keeping us company,

Attending to our needs.

我視作健將的父親原來不懂游泳。

小時的我浮著水泡，

努力游向父親身旁。

母親則在岸上看守衣物。

斜陽西下才盡興而歸。

I had thought of Dad as a great swimmer,

Not knowing that he really could not swim.

I swam in a float making the best effort I could,

Making my way toward him

While Mom attended to our clothing and things.

Not till the sun set did we return home.

殷實向來是父親的性格。

做生意但憑一個信字，

艱苦經營始於偉晴街71號。

時光荏苒轉眼遷至福榮街，

輾轉再落戶葵興工業大廈。

Honesty was Dad's virtue.

His business ventures always followed this guiding principle.

The ups and downs of PPM dated back to Wei Ching Street;

Soon it was moved to a factory building in Fuk Wing Street,

While the final days of PPM

Were spent in Kwai Hing Industrial Building.

年紀漸長卻離老父愈遠，

閒來不外寒喧問暖，

雖然每週仍與老父上茶樓並共晚飯，

無奈跨代隔漠加上眼矇耳聾，

逾半世紀親情盡在不言中。

Both Dad and I grew with age,

But then the distance between us widened.

Seldom were words spoken beyond "how are you,"

Even though we did yumcha and dine with him.

The intergeneration gap and his aural and visual impairments

Rendered half a century's love and care beyond speech.

老年父親恍如孩童，

閒來喜誦花木蘭和月光光；

間又鬧情緒等待不了叫開飯。

情緒縱然不定福氣卻是本色。

睡得吃得耳長垂珠，

離去一刻恍似甜睡入夢。

Like a child was Dad in his old age.

He would recite aloud the Bright Bright Moon and Hua Mu Lan,

A familiar rhyme and a poem that dated from years forgotten.

He would throw a temper and could not wait for dinner.

But he was forever a man of good fortune,

With long ears, a good appetite, and always a good sleep:

He wore such a sweet look as he passed away.

PPM= Pacific Printing and Manufacturing Co. Ltd. (1962-1998)

1916-2008

生命頌

Zhen Zhong
珍重

(May 11, 2002, revised July 28, 2002)

If there are two words

I have to tell anyone,

They would be zhen zhong.

Zhen is to treasure Life like the rarest treasure.

Zhong is to take Life like the most important thing ever known.

要是我只得兩個字,

可告訴別人,

這兩個字必就是珍重。

珍就是視生命如世間奇珍異寶,

重就是視生命如重中之重。

Treasure Life,

For Life works wonders

Beyond the wildest imagination:

Art, music, drama, and the web!

The door will open up, to whoever knocks!

珍惜生命，
因為生命奇妙能創奇蹟。
完全超乎一切想像：
藝術、音樂、戲劇、互聯網！
只要叩門，門即為你打開。

Take Life like the most important thing ever known,

For that is really what we only have.

Can we rely on anything

Other than Life itself

To achieve our dreams?

視生命如重中之重，
因為生命已是我們擁有的一切。
除了生命，
我們實在別無倚靠，
沒有生命，一切夢想只能是空想。

So zhen zhong my friend,

Bon voyage my friend.

Let the tears run,

The tears of loss, the tears of love,

No more in vain.

是故珍重朋友！

一路順風朋友！

眼淚就讓它流，

不管是愛之淚還是失之淚，

就是勿要讓它白流。

Sea Turtles
海龜（一）

(August 16, 2002)

Thousands of little eyes look up

To the starry sky in the quiet of the night.

The air is calm,

And the moon is bright.

數以千計的小睛眼朝天仰望。

天上佈滿繁星、是一個恬靜的夜晚。

沒有一點風，

皎潔的明月照在地上。

There comes a faint lapping sound,

The first sound that these tiny turtles ever hear:

A sound from the ocean vast,

The call of an awaiting home that seems so near.

微弱的波濤聲從遠處傳來。

這是小海龜此生第一次聽到的聲音。

是從大海洋送來的聲音,

似近在咫尺的家等候的呼喚。

It is with such courage that they begin

Their uncertain life journeys:

Pushing the earth back, hurling themselves ahead,

They capered and staggered in earnest.

小海龜鼓起勇氣,

開始它們不可知不可料的生命之旅。

大力把泥土推向後面,身軀則投向前方。

跌跌撞撞全心全意只管衝前。

Paddle, paddle, and paddle;

Exhaustion is a forgotten word.

Knowing only the call of home,

They work their way forward.

扒呀扒，衝呀衝。

忘掉了疲勞。

只記著家的呼喚。

它們奮力前進。

Come the waves battering the beach.

Come the hunting birds from above.

There is no time to think.

Never mind that life can be rough.

就讓浪拍打沙灘吧，

就讓鳥從空中飛來獵食吧。

再沒有時間多想，

當然也不去理會生存有多艱難。

海龜（二）

（一九九五年一月十六日）

我自小對海有特別的感情。它那熟悉的聲音，就像最堪信賴的朋友的話語，給我洗脫一切煩惱。每一次我乘坐渡輪，總會站在窗邊， 注目在船邊浪花的起落，欣悅於那清新的海風和醉人的濤聲。

然而海依然是那樣的神秘！每次我想及汪洋大海的浩瀚，我就詫異於那些剛孵出來的小海龜，怎麼能面對深沉無邊的大海。我實在不敢想像倘若自己是一隻小海龜，如何能勇往直前地奔向那從未踏足過的海洋！然而我一次又一次在紀錄片中目睹成千上萬的小海龜，鼓足幹勁不懈地爬向大海的情景。我想到無數小海龜勇敢地迎著不可知的命運，心中不禁對小海龜感到無限的敬佩！

生命的恩賜

生命可貴之處在於祂蘊藏著無限的潛力。生命給我們不容估量的機會。人類一切的文化藝術、科學成就、以及一切高尚的情操,都是生命所恩賜的。我們每個人能夠做到的東西,往往超乎我們的想像。只因未懂得體味生命的恩賜,多少人自困於平庸中。只要相信生命蘊藏著無限的潛力,你我皆可創造奇蹟!

生命頌

天下間真正神聖的就只有生命。能了解生命的神聖和可貴,我們的生活就有了生命和意義。

生命與謊言

生命不會放過
任何一個企圖欺騙它的謊言。

觀察

宇宙的瑰麗，
只有靜心觀察入微的人
才能洞悉。

生命之歌（一）

生命
是一首永遠唱不完的歌；
我們
是歌中互相交織著的音。

生命之歌（二）

（曾刊於八十年代《智愛家長會會訊》）

近年發生的事，不少是教人唏噓的。遠一點是八九年中
國民主運動的峰迴路轉乃至悲劇收場；近一點的是九零至
九一年的海灣戰爭、埃塞俄比亞的饑荒、孟加拉風災以及泰

國空難事件等等。人生似乎就是那麼無奈，不如意的事情要來的時候，可以在完全沒有任何先兆的情形下突襲，教人只得接受殘酷的現實。

然而，不管事情如何惡劣，總有一些人會勇敢地面對命運的挑戰。他們一方面接受了改變不了的現實；一方面卻不浪費一分一秒於嘆息自憐之中。他們始終把握自己擁有的條件，認認真真的迎接每一天帶來的挑戰。

他們知道自己終有一天要倒下來，但是他們才不去理會這個；他們頑強的鬥志直教人讚嘆不已！

早些時候，電視報導了一則新聞。一個十多年來因為大腦痙攣與外界失去了溝通的人，利用電腦，居然在熒光幕上向他的家人表露了他對親人多年來關懷的感激。這些年來，這位年青人的心智其實未遭破壞，每一天都他鍥而不捨地留意周圍發生的事物，不知不覺間已掌握了英文語法和很多常識，機緣一到，他終於成功地投入更豐富和更有滿足的生活。這則新聞的意義倒不在於事情的發展證明了什麼。無論我們花了多少心力，結果亦未必盡如人意。現實世界中，耕耘未必有收穫：出師未捷身先死者有之；徒勞無功者亦有之。然而，教人讚嘆的正是這種傾力以赴、全心全意投入生活、盡力把握機會那種無畏、堅毅的精神。

在智愛家長會中，我認識了不少令人衷心欽佩的父母。雖然他們沒有做出什麼驚天動地的偉大事業，卻默默地、熱誠地栽培著在他們所愛護下的小生命。他們付出了愛，付出了自己的青春，為的就是要子女們將來有更好日子。盡管那是沒有什麼保証，他們總是為子女奔跑、勞碌。他們沒有換取到什麼報酬，卻譜出了動人而又教人讚嘆的生命之歌！

悲歌一曲（Sopyonje）
一部韓國電影的觀後感

我們用肉眼來看，但沒有一個專注的心，雖然似是看到，卻其實是看不到。相反，當一個人失去了視力，他的心卻往往變得特別敏銳。很多瞎了眼睛的人更能人所不能，可以做到常人難以想像的事情。

同樣，影片裏的松花，在失去了視力以後對生命與愛有了新的體會，她從一個情緒倚賴別人的人變成了一個更獨立更堅強的人。而且她更超越了悲哀和亢奮，變得可以平淡地但勇敢地面向不可知的未來。

在此之前，她曾因義弟的離開而耿耿於懷，鬱鬱不樂。她的義弟Dongho因為不滿他們養父嚴苛的訓練和貧困的生活

而離去。但是其實義弟離去之前，縱使生活條件差，他們也不乏充實和愉快的時刻。弟弟在得悉義父離世，就因想念家人而到處尋找她，顯然他既懷念著往昔的日子，也惦掛著松花。

這影片的主題是人對生命的執著。兩姐弟的養父對傳統的歌謠十分熱愛，認為只要能充分表達到歌謠當中真確的韻味，即使要捱飢抵餓也是值得的。他也十分渴望松花能與他分享其中的樂趣。

影片中有很多頗具震撼性的影像，內裏的歌謠也是甚富震撼性。特別是兩姊弟重逢後在整個晚上全情投入地唱歌擊鼓，以至於忘我，此際歌聲與鼓聲的交錯儼然變成了生命本身的呼聲。

LIFE as the Happiness Formula
LIFE快樂方程式

(September 18 2014)

Life is Wonder.

Living is to give Life a chance,

the best chance, to show its true colors.

Fill your living with Life and Love.

Love yourself and others.

生命就是奇蹟，

生活就是要給生命一個機會、一個最好的機會，去盡顯其顏色；

要給生活注入生命力和關愛，

愛自己也愛別人。

Insight is Wise Living.

Considerate, congruent, and contemplative:

Keep an eye on the big picture.

For what you see is all relative.

智慧就是智人的生活：

為人著想、人格完整、洞悉生命；

能從大處的視野觀全局，

能從相對的關係觀世情。

Fortitude is to Persevere.

Never worry about setbacks, which could be a Godsend.

For setbacks teach us,

So we can carry through and triumph in the end.

堅毅就是毋懼逆境的堅持，

不因挫折的可能去擔憂，因挫折可能有益。

挫折正是成長的導師，

步向凱旋的良資。

Engagement is to be passionate,

Passionate about things we do.

So we find meanings

And be to ourselves true.

行動就是對生活熱愛，

熱愛所做的一切，

讓生活變得有意義，

讓自己尋回自己。

理想篇

天地間 Tiandijian

平等

（一九九五年二月十六日）

我多渴望見到一個平等的世界！

可能這渴求是人類的天性：古往今來，為平等而戰的人多的是，因以立名者固然不少，更多的是那些寂寂無聞，卻一生為這世界的不平等耿耿於懷，在他們倒下來的時候仍怨忿難平的人。

可能這渴求來自我修讀的經濟學！在理想中的市場，公平競爭既自然又有效率，彷彿是理想世界的化身！

又可能這渴求是來自宗教。佛教指人人皆有佛性，人人可以成佛，心佛眾生三無分別。基督教謂神愛世人，只要痛改前非，依道而行，不分種族、不分職業的人都可以獲得救贖。

在我理想中的平等世界裏，人人都有同樣發展自己潛力的機會；有公平的法律，不會有人因有錢就可以僱用更好的律師脫罪而知法犯法。

在這個世界裏，更不會有生下來便要挨飢抵餓、或自小就驕生慣養的人；沒有人生下來便要為生活而出賣自己的靈

魂，另一方面卻有人因為太豐富的物質生活而不知進取。

這是一個沒有財產繼承的世界。但小孩子都不用愁衣愁食。父母不會以金錢物質代替父愛母愛，小孩子都得爭取長大後要自立，「二世祖」不復存在，父母也不用因養育子女的經濟擔子而犧牲了自己對理想的追求，可以以身作則，為自己真正的理想而奮鬥。

這是一個彼此尊重的世界，沒有人因為他的地位或膚色而高人一等，也沒有人會因為他的地位或膚色而失卻做人的尊嚴。

我多渴望見到這樣的一個平等的世界！

愛、望、信

當比自己更大的生命
呈現在我們的生活中，
當我們毫無條件地施予
愛就成為我們的家園。

當一個人把自己的全部獻給生命，
恐懼和焦慮便頓然消散。

就是這樣他的生活總是充滿著希望，

算是最惡劣的境況他都能處之泰然。

當我們對生命抱著無比的信心，

我們自然地會變得堅強。

但是切勿忘記不斷努力，

否則這信心便難以堅持至凱旋。

真的幸福

追求自己的幸福，是人同此心的事。

謀求自己真正的幸福，最起碼的就是要對自己誠實，誠實地去認識什麼對自己是最可貴；認真地去追求自己認為是最可貴的；不會因為外來的壓力而出賣了自己。更不會因為自己的因循或一時的貪念而去出賣了自己。

這就是「真」。

謀求自己最高的幸福，還要有一種永不妥協的態度：即是永遠不滿足於次等的幸福、未臻至善之境永不罷休的態度。

這就是「善」。

為了追求最高的幸福，不少人日以繼夜、傾力以赴地獻出自己的青春和生命。這些平凡的人對生命的熱誠就是最美麗的詩篇。

這就是「美」。

「真」、「善」、「美」其實不是一些抽象的東西。任何人，為了自己真正的幸福而作出的奮鬥也就是「真」、「善」、「美」的體現。

神與真

（一九九八年一月三日）

很多傳教士都標榜信者得救。其實，任何人自然會信其所知、或信其所當作知。不信的原因，只能是未有足以說服當事人對有疑點的事認知的理由。

沒有足夠的理由去信，自然就應該不信。這是忠於自己，忠於求真的精神。其實，人生最可貴的，正就是這個精神。

很多宗教人士並不明白：宗教完全不應該是一種標籤或是一個框框，而應是完完全全的至誠求真的生活體驗。當

宗教人士為自己的宗教宣傳，大力叫人放下懷疑的態度去「信」的時候，其實他們已背棄了宗教中最重要的「靈修」的意義。

一個在每天的生活上都以至誠的心致力於求真，致力於領悟生命的恩賜的人，他的生命無疑是最充實的。

神者，真也，生命的本源也。如果我們誠心以求真的態度認識生命、認識真理；而放下神叫什麼名字這些毫無意義的觀念和爭辯，我們將會有一個更為和平和更充滿愛心的世界，而「神」即與我們同在。阿們。

開明的宗教觀與世界大同

以地球豐富的資源及人類高度發展的智力來看，世界大同、豐衣足食、太平盛世的日子，本來應是每一個人類分子都可享有的。然而，對大部分廿一世紀的現代人而言，這卻是難以實現的夢想。在現實世界中，極度的浪費與極度的貧乏並存。在糜爛的、醉生夢死的瘋狂消費和昂貴的軍備競賽的同時，竟是餓殍遍野、瘦骨嶙峋的景象。這是人類為自己做出來的災難！這是徹頭徹尾的悲劇！

舊約聖經的一個故事如是說。人類遠古的祖先亞當和夏

娃在伊甸園本來過著豐足的生活。他們真正需要的，都盡在園內取之不竭。然而他們卻不安於本份。最後因為吃了「禁果」犯下大罪被神逐出伊甸園。按照聖經所載，他們的後代也因此繼承了「原罪」的苦果。

亞當和夏娃是否真有其人或是神話故事中的虛構人物並不重要。有見識的人不會為此爭辯。可惜世上的人多捨本逐末，往往為此事辯得面紅耳赤而竟錯失了故事背後的玄機。

其實我們就是亞當和夏娃，地球就是伊甸園，禁果就是無中生有的慾望。

對於我們真正的需要，地球並不匱乏。有了無窮的、無中生有的慾望，更多的資源也不會使我們的內心獲得安穩。因為無窮的貪念和妄想，人類自我放逐於伊甸園之外！

對於這一點，人類偉大的宗教始祖都清楚明白：如果我們要實現理想的世界，首先就先要找到內心的安穩。耶穌指出：要踏進天國的門檻我們就得先尋回迷失了的童真。同樣，釋迦叫我們摒棄假我找回真我。當我們注目於晨星夕陽、四季變化、海洋潮汐而能悠然自得；當我們看世俗的名利淡如浮雲；當我們學會彼此尊重、學會尊重生命，大同的世界根本就不是那麼遙遠。

人類文明在新的千禧年應有新的突破。這突破就是衝破

不同文化的壁壘。人類不同的文化孕育出不同的宗教，各
有不同的故事、不同的神祇，但這些終究不是各宗教的教導
的核心。我有一個信念，就是各宗教核心的教導都是有關我
們應如何去生活。事實上，脫離了生活，一切宗教都沒有意
義。一切的宗教的要旨都是教我們如何從生活中體現真、
善、美。現代人需要開明的態度去看宗教。所謂開明的態度
就是不去執著不同宗教的不同故事，反而客觀地去看透每個
故事背後的做人道理。

我確信：不論我們的宗教叫做什麼，真正的信仰是生命。
由於生命是人人皆有的，大同的理念並不虛浮，而是實實在在
的。耶穌說：我就是道路、真理、生命。他教我們相信他，就
是教我們相信生命，而且生命和道路和真理並無分別。每一個
人要學耶穌，就是要學他那樣，憑著自己的生命去了解真理。
我們每一天的生活就是生命的一部分，因此我們要尊重地去過
每一天的生活。我們要從每一天的生活去領略真和妄的分別。
如果我們對自己忠實，不為自己找尋藉口，而處處真的不斷地
提升自己，我們對自己的生命就無怨無悔，因為我們心靈上的
見識不停地成長，我們的智慧不斷地增加。

僧璨大師《信心銘》指出：「至道無難，唯嫌揀擇；但
莫憎愛、洞然明白；毫釐有差，天地懸隔。」寥寥數語，道

出了一般世俗人的心病，正就是把快意的事情和非快意的事情分割開來，遇到不快的事情往往會怨天尤人，遇到快意的事情就樂極忘形。事實上，快意和不快意的事情都是生活的一部分。我們要整體地去看待生命和生活，培養對生命的尊重，培養慈悲心和智慧心，然後才能明白人性平等。有平等的人生觀，才有大同的理想世界。

佛家有云：「同檯吃飯、各自修行。」雖然生命是平等無分別的，每個人從迷到悟都有一個過程。但是我們不能輕視自己的重要性。大同的世界必須由個人的身體力行開始。天下間不同的宗教都有迷多一點或悟多一點的信徒。我們不要誇說自己的宗教比人家的優越。我們要了解每個宗教都有它的文化背景、歷史背景，因此都有它的歷史任務。只是，在新的千禧年，人類的文明應到了這樣的一個地步：是時候去認清楚宗教的「實教」和宗教的「權教」了。宗教是文化處境下的產物，當然有它的局限性和「權宜」性。但宗教的「實教」，那些和我們生活相關的那一部分，卻是跨文化的。了解了這個道理，不同的宗教都可視作人類文明的共有文化遺產。我們不但要唾棄宗教間彼此之爭，更要肯定彼此的對人類的巨大貢獻，這樣，大同的日子就不遠矣。

22/6/00

正邪之分

（一九九八年八月二十一日凌晨於Lugano）

近日不少人關心到邪教蠱惑人心的問題。然而什麼是邪教卻好像沒有人能說清楚。

是不是天主教、基督教、佛教、道教、回教之外的就是邪教？

相對於天主教而言，基督教曾被指為異端；相對於印度教而言，佛教同樣是異端。有誰能服眾地分清正教與邪教？

信仰自由是文明社會都已接受的基本人權。信仰自由當然意味著對有異於本身信仰的、自發性的宗教行為尊重、包容。所以，泛指某某宗教是邪教並不符合文明的道德規範。

事實上，標籤並不可靠。自稱為某某宗教的團體和人士也不見得都有完全相同的信仰。可見，正與邪不能單憑標籤去識別，而只能憑其教導和行為的合理性去判斷。

任何教導，只要能解人心結，導人尊重生命，導人捨棄自己的主觀成見去認識客觀真理，能助人獲得更大的自由，都是正見正教。任何教導，只要其為增人心結，導人踐踏生命、摧殘生命，導人固執己見、漠視真理，最終使人喪失自

由、陷入心瑣的，都是邪見邪教。

我不理他奉的信的是天主、耶穌、釋迦、或是阿拉。是正是或邪在於其是否促進人社會的文明進步。信仰自由應指尊重各人不同的膜拜和修行方式。信仰自由並不包括容忍任何團體或人士假宗教之名進行摧殘生命、分化社會的行為。有識者鑑之慎之。

宗教

（原載於多大聯刊1978-79(1)）

問：什麼是宗教？

答：以提高人生價值為目標的完整的思想體系和行為綱領叫做宗教。所有宗教都有一個完美無瑕的對象以代表該宗教所追求的最高境界。

問：宗教和迷信有什麼分別？

答：凡是未經懷疑、審問、和引証而毫無保留地接受別人陳說的東西，或採納一種思想方法而不去認識這思想方法的局限性，都屬於迷信。宗教不一定是迷信。不論任何宗教

的教徒，只要他在現實生活中肯定自己的積極作用，不斷實踐求証，則不是迷信。

問：怎樣的宗教才會有益人生？

答：能夠幫助解決人生現實的問題的宗教，才會有益人生。宗教通常教人以真、善、美為最高的目標、能夠發揮人類對真善美的追求的積極性。但是，迷信卻可以使宗教產生不良的反效果，像對異教徒的迫害等。

問：我們應如何看待宗教的教理份和實踐部份？

答：不同的宗教，由於產生的時代背景和文化因素不同，自然有不同的教理。這些不同的教理，通常是不能用科學方法去分辨真偽的。因此它們便往往成為迷信的對象。然而，教理的作用只是用來鼓勵我們去好好地生活。脫離了生活實踐，什麼宗教都是沒有意義的。只要我們明白這個道理，如果本教的教理能夠增強自己生活的信心，則我們不妨去「信」它，這仍不是迷信。如果我們堅持本教的教理而排斥別教的教理，則會踏上迷信的歧途。當然，誠意地跟別教的教徒辯論不在此列。教理只是權宜方便，實踐才是康莊大道。

問：應如何實踐？

答：諸惡莫作，眾善奉行、自淨其意。

問：何謂善？何謂惡？

答：凡是有助於解決自己和別人的困惑，讓自己獲得解放都是善，反之是惡。解放指從貪心、憎恨和愚痴中解放出來，使我們獲得輕安自在的感覺。

問：何謂「自淨其意」？

答：除去狂妄自大和主觀偏見，忘我地去棄惡從善就是「自淨其意」。

問：這樣生活有什麼目的？

答：這樣的生活對自己和別人都有好處。實踐的人自然會領略報酬不在來世，實踐的目的也不在報酬，而是在切身體驗生活的意義。

以下的問題，問而不答，目的在激發部份基督徒的思考，不致迷信於教理。（佛教徒也可以迷信佛教的教理。事實上任何人，不論什麼宗教或有無宗教，都可以迷信：有人

迷信中醫；有人迷信西醫；有人迷信資本主義；有人迷信共產主義。）

問：如果人生的痛苦是因為「原罪」，動物的痛苦又如何解釋？是不是動物也有「原罪」？

問：如何解釋一些人自始至終在黑暗中渡日，完全沒有機會體驗「神」的恩惠？

問：如果「信神」，便可以得救，為什麼有人偏不信神？如果他們確實知道神的存在，他們自然會信，為什麼神不讓他們確實知道祂的存在？蒙蔽了的選擇是否有欠公道？

問：基督說：「要愛神，並要愛人如己。」怎樣做才算愛神？「諸惡莫作，眾善奉行，自淨其意」，算不算愛神？如果不算，還要怎樣做？

問：對於墮地獄的人，神是不是不再愛他們？

耶穌和佛陀

（一九九八年七月二日）

　　耶穌和佛陀相似的地方真是太多了。他們兩位都是喜用譬喻、有教無類的人類精神導師。只不過由於生活的文化背境不同，在言語上免不了用上不同的詞彙吧了。可惜世人就是愛執著枝節，往往把他們所教的道理忘卻而不自知。

　　耶穌親近妓女，教化妓女。對投以奇異目光的眾人，他嚴厲指斥道：「誰認為自己無罪，就先拿起石頭，擲向那位受盡世人歧視的可憐女子吧！」這個故事在新約聖經中細緻的描寫，突顯了耶穌平等待人，嚴以律己、寬以待人的態度。同樣，平等是佛陀最根本的教誨。在古印度種姓階級制度根深蒂固的年代，佛陀宣說的平等觀念不能不說是一個極為大膽的革命。

　　耶穌和佛陀都明確地闡述了因果報應的道理。對於熟諳聖經也了解佛教的人而言，這是最清楚不過的了。

　　耶穌把舊約的聖經的十誡，用最簡單的言語從新闡釋。他說：『能一心愛神及愛人如己的人是真正的義人。』這與佛教強調的「智慧」和「慈悲」根本就沒有分別。神其實

只不過是「真理」的代名詞。忠於真理、追隨真理不就是智慧？佛教提倡同體大悲、無緣大悲，教我們視別人的痛苦如自己的痛苦、因以拔苦、不計較條件去與樂於助人，不就是耶穌教導的愛人如己嗎？

耶穌說：「我是道路、真理、生命。若不皈依我，就得不到救贖。」基督教指這句說話，表面上說不「信基督教」就不能獲得永生，誰不知真正的內容是教我們視真理和自身（我）的生命為瑰寶（道路），奉若神明，教我們珍惜自己生活的每一天，指出能如此生活的人才是真正的基督徒。受洗入教只不過是枝節的事，不妨認真尊敬地去做，但毋須執著形式。

耶穌在釘上十字架臨終之時，高呼說：「父親，饒恕他們吧，他們不知道自己在做什麼。」這是何等高尚的不瞋（不憎恨）、忍辱的情操！佛教強調：真正的宗教行為，並非空口說亮話，而是腳踏實地、全情地生活。當日的受盡侮辱和折磨的耶穌，能說出這樣的話，證明他已是徹底覺悟，遠離貪、瞋、癡三毒的仁者聖人。

　　　　　　　　　　　　　上午六時於Lake Tahoe

天鵝展翅

（一九九八年八月二十四日）

　　一雙天鵝在晨曦中站在華達華河畔淺水處展拍雙翼。背景是布拉格查爾斯大橋的群聖像和高聳的橋塔的影子，岸邊則伸展著疏落而自由的樹影，襯托成一幅極清新而又振奮人心的畫圖。

　　這幅黑白的照片，是我九八年八月（今天）在查爾斯大橋上以一百五十克朗購得的。它是我在這個旅程中最快意的收穫。

124

我喜歡這幀照片，固然因為它的構圖極富美感。但更重要的，是因為我直覺到它所展現的朝氣和崇高的希望。

人生本來就應該如此。 一如天鵝展翅一樣 ，我們應該抬起頭來迎接每一天。 橋上兩旁屹立的聖像， 像徵著人類最高尚的情操和對真善美的執著。我直覺到他們在鼓勵著我們面對每一個新的一天。

更難得是：我在購得這幀相片的同一天，看到了天鵝在河面低飛的美態。腦海裏浮現的這個印象，益發加深了我對此幀相片的遐思。

Prague, Midnight

《信心銘》 的智慧 (Song of the Truthful Mind)

僧璨大師的信心銘看似高深莫測，其實並不難解：

> 至道無難，唯嫌揀擇，
>
> 但莫憎愛，洞然明白，
>
> 毫釐有差，天地懸隔。

表面上這似乎是叫我們放下一切感情，

叫我們變成一個麻木不仁，凡事無動於衷的人。

但這決不是「至道」的法門。

一個參透至道的覺者是充滿愛心的、感情豐富的人，而且更應是充份了解人生苦樂的智者。

信心銘教我們不要嫌棄不開心的日子。不開心的日子跟開心的日子同樣重要，都可以啟迪人生的智慧。

只要我們熱誠地生活，每一天均是智慧的泉源。堅持這個信念，我們終有一天會豁然明白。

反過來如果我們遇上不如意的事物就怨天尤人，我們永遠也不可能真正開悟。

「天地懸隔」一辭，絕非誇張，而是真的、切切實實的，把事實道出來。

下面是筆者信心銘英文譯本暨Francis Ho/Gladys原唱錄音的連結：

http://www.ln.edu.hk/econ/staff/Xin%20Xin%20Ming.doc

http://www.48music.org/music/truthful_mind.mp3

http://www.frankieho.com/music/buddhistmusic/truthful_mind.mp3

幸福與道德

　　能引領我們去更自由更幸福的境地的，都是合乎道德，反之就是不道德。

愛是永恆

（二零零二年五月十九日晨早五時半於秘魯利馬）

愛就是對生命的執著。
每天醒來，
迎著我就是那愛的呼喚；
每天我進入夢鄉，
送走的就是那愛的顛簸。
一生一世的愛，
多生多世的愛，
就是要教生命開花，
叫人生走向永恆。

超越生死

（二零零二年七月八日於香港）

人怎可以不死呢？如果人就是指我們的血肉之軀、
我們的思想、我們的精神狀態，我們斷不可能不死。
不死只是癡人說夢而已。那個被人叫做基督的耶穌，
即使那個被人奉為世尊的釋迦，都難免一死。
成住壞空是世間的法則，沒有一個人能倖免。
在佛教的經典裏有一個關於凡人必死的故事。
話說一個喪子母親跑到佛陀處，哀求他為兒子
起死回生。佛陀了解到到她的心理狀況，
深知如實告訴她人終難免一死並沒有用處，
便對她說：只要你在村內能找到一戶人家，
家中從來沒有至親離開人世，我就有法子給你的
兒子復活。結果當然那個傷心的母親經逐戶查問後，
終發現死亡是每一個人都要面對的，於是平復過來，
並做了佛陀的弟子。
人雖終究難免一死，但人卻可超越生死，這就是
修行的目的。超越生死就是認清這個血肉之軀並非

我的實體，甚至自已所想所信、所愛所恨亦無非因緣

際會的刹那影像而已。

佛陀說：離一切諸相即名諸佛。又說：

凡所有相皆是虛妄。然則生死之相，實為虛妄。

脫離人相眾生相壽者相正是解脫之道。

當我們捨棄了佔有的觀念、放下了人我的分別心，

又當我們從自私嫉妒偏見怨恨解放出來，

認清了那個無染著的生命實體時，

我們也就超越了國界種族宗教文化生死。

你說那是一個多麼無牽無掛的大自在啊！

你說能與人分享這份大自在、

沐浴在這樣的大自在，

將是多大的喜悅呢？

渴望中國成為真民主的典範

（原載一九九七年七月九日《明報》）

很多人希望在中國建立西方式的民主。他們認為多黨政治才是民主，「一黨專政」不可能是民主。我則認為多黨政

治不可能是真民主，只有「一黨」獨大、「專」心於人民福祉的「政」治才是真民主。我渴望在中國可以在不久的將來出現真正的民主。

多黨政治必然意味著以打擊敵黨為首務，長遠的人民福祉反而不是最重要的政治目的。多黨政治也必然意味著每黨標榜自己的教條，由於個人要參與政治差不多必定要參加政黨，而參加政黨也免不了要自己出賣自己的理念，多黨政治使參與政治者委屈地從政，又使不參與政黨的人摒諸政途之外。

反過來，如果一黨獨大，打擊敵黨變得沒有必要；只要這政黨摒棄教條，一心以人民福祉為最終目標，對於不同見解的人也包容入黨，甚至全民皆黨，則人人都可以以自己的理念去參與政治，我想這種政治比前者當然更加民主。

目前，中國共產黨在中國是一黨獨大，其它黨派只是陪襯，共產黨基本上不用顧慮其他政黨的威脅，可以專心為人民福祉做事，近年來政績也相當不錯。然而中國共產黨至今的包容性仍有不足，全國黨員相對全國人口微不足道，且仍標榜一些過去的教條，因此我們不能說中國目前已經十分民主。但是，鐵一般的事實是：今日的中國共產黨已非過去的中國共產黨。鄧小平著名的「好貓」哲學基本上摒棄了教條

主義：只要能提高人民福祉的，就是好的政策！從哲學觀點而言，這是具有莫大的包容性！我認為，只要中國共產黨的黨員都奉行好貓哲學，摒棄一切教條主義，中國民主的前途比西方任何國家都更有希望！

假設中國共產黨目前已具有相當的包容性，那麼我想中國共產黨就應索性正名。由於馬克斯的共產主義只是教條，我們沒有理由去沿用共產黨之名。為了突顯黨的包容性務實性，可以考慮的黨名包括「大同黨」、「中國社會黨」、「團結黨」、「人民黨」等。我個人傾向喜歡「大同黨」，因為禮記大同篇所描繪的是國民所公認的一個理想的社會，也具有濃厚的中國特色。「中國社會黨」乃日前跟熊玠教授午飯時熊教授所提出者，也相當不錯，因其取自鄧小平「中國特色的社會主義」，而國民對鄧小平這個理念也十分認同。

我想，中國共產黨正名以反映其今日與昨日的不同，可以增加中國海內外人士的歸附之心，我熱切盼望這天的來臨！

The Swans of Vltava
華達華的天鵝

(August 4, 2002)

A tall swan greets the morning sun,

Flapping its wings in excitement

Standing in the shallow waters

Of River Vltava.

一只高俏的天鵝迎著日出，

興奮莫名地展拍雙翼，

雙腳站在淺水處，

華達華河的淺水處。

It is the arrival of a fresh day,

Another day of peace and praise,

Another day for celebration,

Another day of wonder and jubilation.

日出標示新的一天剛開始，

另一個平安和讚頌的一天；

另一個值得慶賀的一天；

另一個奇妙和教人喜悅的一天。

Further down the river is Charles Bridge

Alongside which

Rise the shadows of angels and saints

Against a sky where a fading moon wanes.

下游不遠處就是查爾斯古橋。

古橋兩旁，

聳立著天使和聖者——

兩排從掛著殘月的天際勾勒出來的身影。

Hear the voice of the river.

Hear the leaves of shadowy trees shiver.

Touch the earth fair.

Smell the sweet air.

聆聽那河水流動時發出的細語，

細聽那樹葉在風吹時發出的喃喃。

觸摸那軟綿綿的土地，

深吸那清香的空氣。

What great fortune it is, to greet each day with excitement

With a fresh mind and equal temperament,

Says the River of the Swans

Glittering in its daily dance.

能為每個新的一天興奮是多麼難得的福份：

以同樣平和清新的心境去迎接每個新的一天。

天鵝河那停不了的閃爍中的波影，

在舞中訴說著它那永恆的訊息。

鄉土情

多倫多大學歌唱組某次音樂會介紹辭

之一：

　　春天象徵著無比的生命力，萬年常新。每年嚴寒的冬天過後，祖國的天空總是飛著歡騰的布穀鳥，洋溢著他們清新的歌聲。

之二：

　　花，是大自然給人類最美麗動人的信物。不同的花朵代表不同的意思：梅花，象徵堅強和不屈；牡丹，象徵富貴和充裕；水仙，象徵吉祥和太平。總之，只要我們一天領悟到花的美，我們就充滿著希望。

之三：

　　對於鄉土的情懷，是各民族所共有的，每逢節日，男女老少都興高彩烈歡渡快樂的時光：喧天的鑼鼓、奔放的舞蹈、和使人嘆為觀止的雜技，給坊眾們帶來不少的歡樂！現在，讓我們聽一聽中國一個鄉村裏過節時候的情況。

之四：

　　拜年，是中國傳統的習俗，兼有互相勉勵、聯絡感情和迎新送舊的意思。

我在多倫多的十個年頭

何濼生

　　一九七三年八月三十日，面對充滿離愁的父母姐弟，心中一片茫然的我，告別了生活了二十三年的香港，踏上了人生中新的一頁。

　　多倫多是一個使我充滿喜悅的城市：空氣特別清新，陽光特別燦爛，環境特別清靜。到步不多久，我已愛上這個城市。我會在它整齊而又種滿楓樹和李樹的街道上跑步；我會踏著自行車穿梭住處和超級市場。不知為什麼，我在多倫多的第一年，睡得特別甜；聽課特別用心，成績特別理想。

　　然而，多倫多大學總是給我有點疏離的感覺。可能這是身在異鄉的自然反應，也可能是因為大學的學生人數太多，上課的地點又常有變化，下課後同學交往不多。我雖然十分喜歡校園中Philosopher's Walk（哲者步道）和 University

College（大學學院）附屬的那充滿學院氣息的庭園，心中卻有時覺得這個城中校園並非自己所屬的。

縱然如此，我倒十分享受合作宿舍（Campus Co-op）的生活。我最初是住在165 Lowther Avenue 的叫野人屋（Savage House）的一個雙人房，並與一位加拿大學生Paul共住一室。Savage House住了各式各樣的人物，不時會有出人意表的事情發生，但總是大家相處融洽。記得不時宿舍的人員舉行熱鬧的晚會，並會即場分享大麻煙。我作為其中一分子也不得不像其他人一樣，當大麻煙輪到自己時吸一口，只是不敢真的吸下，也不敢放那口煙在口腔中停留太久，便把它吐掉。

我在宿舍中認識了一些好友。我曾跟Andy等人在冬天的假期北上荒涼、但雪白如銀的Algonquin Park，與他在Lake Ontario （安大略湖）玩風帆，並與同房Paul北上他位於Huntsville 的老家短住。我在宿舍也認識了一位叫Gordon的工程系研究生，他很有藝術氣質，繪畫的油畫很美，而且彬彬有禮，只可惜他英年早逝。畢業後我一直與他有聯絡。拿取了博士學位後他任教於University of Alberta （阿爾伯特大學），結了婚並育了三位小朋友。我與父母家人曾探望他並與他共遊Canadian Rockies的名山秀水，包括名聞遐邇的

Lake Louise。直到後來，某天他的太太突然電郵給我，告知Gordon在一次滑雪旅程時中風，不久與世長辭。

我在多倫多大學讀書，功課壓力不小，但我總不會錯過每星期六中國同學會歌唱組的聚會。我最享受合唱團中那一份和諧的感覺。我們主要唱的是中國民族歌曲，以及像〈黃河大合唱〉等曲目的混聲合唱。歌唱組當然少不了有表演和有郊遊等活動。歌唱組中不少人士十分熱愛祖國。一九七四年夏天不少組員參加了同學會的回國觀光團，而我也參與其中。在約三十天的旅程中我們走遍大江南北，如長沙、武漢、石家莊、北京、旅順、大連、上海、南京、廣州等，旅程中還參與批林批孔運動。我雖並非完全認同孔子所教，特別是他以宰我不認同三年之喪便罵他不仁，但仍覺得他很有見地。我天真地問新華社隨團的同志何以與會者眾口一辭，竟沒有一個人會提出異議。回加後在同學推舉之下，我竟當起中國同學會的會長，並在同學大力協助下與加拿大東部其他數家大學的中國同學會舉辦了「中國周」的活動，還請來著名作家韓素音當演講嘉賓。期間歌唱組還遠赴Montreal（蒙特利爾）獻唱，其中包括拿手好戲——〈黃河大合唱〉。

一九七五年夏天，我留學已接近兩年，想不到卻發生了幾件不太順心的事情。一是身體檢查發現生了某種肝蟲，幸

而發覺得早，及早清治妥當。一是我在近Dundas的Beverley Street乘腳踏車時給一名醉駕人士撞倒，整個人飛上半空中掉下來居然只受輕傷，送院後不到半小時還見到幾位歌唱組的成員「探病」。原來他們路過見到我的單車撞毀，詢問下知道我被送到Toronto Western Hospital （多倫多西區醫院），就來看我。我當時真的十分感動。最後是自該夏天帶隊舉辦往Hamilton附近露營後，我患了嚴重的失眠，經常連續數天不能入睡，十分辛苦。我當時甚至不能肯定能否畢業。

然而我始終是一個樂觀的人，縱使我是睡不著，我也不去想它，還要做別的事情。一九七七年我應好友李懷敏的邀請，合作出版《海外述林》月刊。李懷敏是一位十分特殊的人物，充滿理想和幹勁，一心要服務社會。他並開設了小書店，我們有時在書店開會，有一次則到岑建勳開的餐館。《海外述林》兼有中文和英文的內容，可惜合共只出了六期，就無法經營下去。

在《海外述林》，筆者撰寫了不少文章，包括「民生與經濟」（長篇連載）、「O Canada: Lament of a Foreign Student」、「On the Education Crisis」、以及「Fear and Loathing in the Canadian Mosaic」等文章。其中「O Canada: Lament of a Foreign Student」與「Fear and Loathing」都提

及加拿大社會存在著的種族主義問題，指出不少人愛找代罪羔羊，而不肯撫心自問自己有無缺失，又害怕轉變、害怕競爭、害怕成長。有一篇我用「學永」這筆名發表短文，題為〈母親，請您不要震怒〉，則針對當時的國情發表自己的心情。以下是其中的摘錄：

「母親，請您不要震怒，我是知道你如何的關心我們。只是你太不瞭解我們，或是太不信任我們。……你教我們要自力更生、關心社會、關心國家、關心世界，養成為人民服務的精神。你教我們不要以多數人壓迫少數人，要彼此尊重。……雖然你指出了幹部不要脫離群眾，但是，要跟群眾打成一片就要制度上的支持……。你何必害怕一旦言論出版的自由確立了，壞的言論和刊物將會應運而生。群眾的眼睛不是雪亮的嗎？真理不是越辯越明的嗎？

「母親，不管你喜歡還是喜歡聽這些話，我還是要說的。要是我把心中的話壓抑了下去，我就變成一個虛偽的，只懂得爭取您的歡心的人。我知道你不願意見到我變成這樣可恥的一個人吧？」

一九七七《海外述林》，二月號

　　《海外述林》出版不到一周歲就停刊了。這是無可奈何的事情。因為我們出錢出力、花時間花汗水，儘管理想依舊，可長期虧損並不是辦法。況且經營者根本沒有一個是經濟能力雄厚的。《海外述林》停刊後，我仍參與社區的多種活動，包括當義務的中文班導師（在 Woodgreen 社區中心）、為老人家送餐服務（"Meals on Wheels"）當司機。我繼參加一九七五年八月二十九日至三十日於溫哥華召開的「全加華人代表大會」後，再參加了一九七八年在多倫多舉辦的安省華人聯會文化交流會議。其後筆者和幾位《海外述林》的編者應邀當上安省華人聯會刊物《華聯鏡報》（News & Views）的編輯。

　　除了社區的活動，我在一九七六年與志同道合的朋友成立了多倫多佛學會，該會經常在唐人街的孟嘗安老院的地庫舉行。當時該院的院長是前香港教育署副署長李宏輝先生。他本身也是很熱心的佛教徒，給多倫多佛學會很多方便。每個周日我又會與朋友往加拿大佛教會的南山寺打坐。南山寺是一間不顯眼的平房，位於Don Mills區，它的環境清靜，與現時在Bayview / Steeles區的湛山精舍比小得多。筆者皈依了誠祥法師。誠祥法師（最近去世）給我「善護」的法名，並著我翻譯台灣出版的《佛陀的100個故事》。我因只能在課餘

和多種活動以外的空檔做這些翻譯工作，花了好幾年時間，最後還要在我返港後在中文大學任教時才能付梓。當時該書印了一千冊，並獲得中文大學佛學會協助發行。據瞭解現時全數已派送出去。

我在多倫多大學攻讀的博士論文的進展開始的時候不算十分順利，但經更改一次論文題目後一切都漸上軌道。一九七九年我結了婚並開始全職工作，在安大略省庫務及經濟部（Ministry of Treasury & Economics）任經濟師。一九八一年我終告畢業。我的博士論文以分析土地價格為重點，這跟我原先的想法（宏觀經濟政策）很不一樣。原因也值得一提。宏觀經濟學門派眾多，不同的大師往往各執一詞，雖說大家都重實證分析，但是仍是莫衷一是。因此我不敢貿然選題，也不敢貿然選導師。深恐一旦大家意見不合，就危機四伏。因此我遵從David Nowlan教授的建議，選了一個爭議不會那麼大的課題。我熱衷的宏觀經濟，就留待畢業後才再研究吧。

筆者由一九七三年八月底赴多倫多大學起，到一九八三年八月底返港應中文大學任教，一共渡過了十個年頭。一九八三年離開多倫多時，心情十分惆悵。這十年可說收穫甚豐，給筆者大開眼界。我認識了那麼多的朋友，建立了自

己的家庭，兩名孩子都在多市出生，也開展了自己的事業，一時間真的捨不得。當初筆者遠赴加國，港大學長曹炳樞給我一張書籤，上面印有幾行使人難以忘懷的句語：「我只會在這世間活一生。因此有什麼我能夠為人做到的事情，就讓我立刻去做。我不要把事情耽擱，也不要把要做的事情忘掉，因為我只會來這世間一趟。」

作為一個佛教徒，我相信有來世，但我也相信要發揮自己的生命力，就不能錯過當下的機會。理想雖像是遙不可及，但放棄理想更是罪無可恕。在返港之前的三年，每一個佛誕，多倫多佛學會偕同其他多市的佛教組織都舉行慶祝活動。一九八一年在大會堂Nathan Philips Square（彌敦菲力士廣場），一九八二年在Bathurst Street的Central Technical College（中央工業學院），一九八三年則在Bloor Street 的Ontario Institute of Studies in Education。其中Nathan Philips Square那一趟最難忘：天下著雨，大家卻歡天喜地，為世界和平默禱；多倫多佛學會的同仁還合唱了幾首佛歌，其中一首是貝多芬的〈歡樂頌〉並由我填詞。每一次中東傳來戰火重燃或加劇的訊息，我會悲從中來。但我至今理想依然，亦盼望薪火相傳，寄望堅持理想的人會像長江後浪推前浪，永不倒下，永不放棄。在留學生涯中，我曾以毛筆寫下如下的

一小段：

「有一天魔軍不見了，

大地上的人從勞動中增長了智慧，

從消費中得到了溫飽，

從生活中見到了調和，

又認識了彼此。

我是一個敢於夢想的人，

相信力行可以擊退魔軍。

隨波逐流，不敢夢想的人

才是真正的醉生夢死！」

　　就讓我以這願景結束本文並祝願早日實現。

　　（以下是在多倫多Nathan Phillips Square唱的三皈依歌，調寄貝多芬歡樂頌）

Song Sung at Nathan Phillips Square, Toronto, 1981

|3 3 4 5|5 4 3 2 |1 1 2 3| 3. 2 2 - |
I take refuge   in the Buddha;   I take refuge   in the Sangha

|3 3 4 5|5 4 3 2 |1 1 2 3 |2. 1 1 -|

I take refuge in the Dharma ;   I take refuge in triple gem

|2 2 3 1|2 34 3 1 |2 34 3 2 |1 2 5 -|

Rejoice do I   o-pening my heart o-pening my heart to blessings.

|3 3 4 5|5 4 3 2 |1 1   2 3 |2. 1 1 -|

Rejoice do I   o- pening my heart o - pening my heart to your teachings.

世情篇

戰爭

（一九九五年一月十四日）

我曾默默地流淚，然而我從未因天災對人類做成的傷害流淚。天災雖然可怕，但是如果合理的防禦措施已經做足了，我們實在沒有什麼值得遺憾的地方。人禍可就不同，它是毫無必要的，因此是徹頭徹尾的悲劇。悲劇教我落淚。我痛恨悲劇的始作俑者。因為人生本已充滿痛苦，人本應同舟共濟，才能面對各種困難，實在用不著加添不必要的苦難。

戰爭是徹頭徹尾的悲劇。橫遭戰火蹂躪的老百姓固然悲不自勝，即使發動戰爭的人也從未沒有得到什麼真正的好處。秦始皇南征北討，統一了中國，所謂功業，也只能維持十數年；成吉思汗西征遠至今日的東歐，締造了歷史上版圖最大的帝國，最後不也是一無所有？近代日本侵華，在東南亞各地留下了痛苦的回憶；希特勒在歐洲發動侵略，薩達姆侵佔科威特，最終都是害人害己，慘淡收場。戰爭能不教人唏噓？

縱然是最堂哉皇哉的動機，也紓減不了戰爭愚昧的性質。近月葉利欽為了鎮壓車臣的獨立運動，向它發動猛烈的

攻勢，做成廣泛的傷亡和破壞。熒光幕天天送上一幕幕悲痛的景象：好端端的幼兒園變成頹垣敗瓦，醫院裏擠滿了遍體鱗傷的平民和士兵，婦女在破冰間取水燒飯，而炮聲槍聲不絕於耳；一個記者的同僚被俄國戰機轟死了，寫下事發前的情景：「人們都正在瓦礫中檢拾，滿臉是淚，震驚於俄羅斯人所作的事。他們當中有些本身是俄羅斯族人，實在不能相信自己的國家會轟炸他們⋯⋯」我們可以想像：縱使獨立運動可暫時鎮壓下去，車臣的人民對俄羅斯的怨恨只會加深，俄羅斯用人民的生命財產家園換來的是什麼？

為什麼號稱萬物之靈的人愚昧至此？為什麼害人害己的悲劇要不斷重演？

無言

一個搶匪在行劫一雙母子時，竟用粗暴的氣力，把年僅四歲，毫無抵抗能力的幼童推撞至頭爆而死。他只搶了二百元港幣。

在螢光幕上見到傷心的父母。母親由於傷心過度，不願睹物思人，決定搬離現址；父親則堅守家園，留下兒子的每一件玩具，又維持兒子房間的佈置不變，作為對孩子懷緬之用。

一個好端端的家庭，就此妻離子散，只是因為一個劫匪的貪念和魯莽，不是太荒謬和悲哀嗎？

假道學

（一九九八年一月三日）

我們的社會裏很多人是假道學，也有很多人罵人家假道學。假道學的人講的是一套，做的卻是另外一套。這當然並不光彩。我卻同情假道學的人，而反而不大欣賞罵人家假道學的人。

假道學的人何以會假道學呢？就是因為這個社會對某種生活方式不能容忍。在強大的社會壓力下，有些人既然不能捨棄自己喜歡的生活方式，惟有假裝自己是另一類人。可見，假道學的人其實是十分可憐的。如果我們的社會能更為開明，更能接納不同生活方式的人，那麼這個世界就會少一點假道學，多一點體諒，多一點真誠。

為什麼

為什麼好端端的一家四口，

為什麼活潑可愛的兩個小孩，

有幸重聚的一對年青夫婦，

在二零零四年春天的一個清早，

遽然永別了華廈林立的香港，

永別了滄海桑田的天水圍，

永別了幼兒園的玩伴，

永別了家鄉的老母，

永別了本來欣羨他們的鄰居？

本來可盡享天倫之樂的一個家，永別了，

為什麼？

04/5/9 地鐵上

三T

一切都怪那次中了三T，

十多萬元的橫財，

孕育了狂妄貪婪的心。

自此，

一個快樂的家，

就踏上了不歸路。

就在那個屯門新市鎮，

一個面貌那麼熟悉的屋邨，

在二零零三年初秋的一天，

發生了教人惋惜悲慟的事件，

一對天真爛漫的幼女，

竟因父母賭債償還不了，

在迷迷惘惘中陪雙親燒炭亡。

一切都怪那次中了三T。

二零零四年五月十日

155

Thoughts

(written circa 1975)

Many an hour have I spent in thoughts

Amidst millions of empty stomachs

And souls falling into the abyss!

The sea of thoughts continues to rock;

Drops of sweat continue to roll.

The search continues as ever, as if empowered

By an eternal force

Never deterred by cold or hunger.

Fires of wars ravage

Amidst pains and sighs.

See how cruel facts of life accumulate!

Yet like clusters of candle lights,

They show the way.

Press ahead!

The search, ever unstoppable, and the hunger,

Roar on, like thunder.

想

思前想後何止前百回，
空的仍是萬億肚子。
誰在沉淪？
腦海在鼓蘯，
汗珠在滾滴。
尋找的力量來自永恆之泉，
未嘗因飢寒稍竭。

戰火沒有因呻吟之聲熄滅。
殘酷的事實不斷堆積。
卻如螢光點點，好助尋覓！
鼓足氣力！
永恆之泉湧不息。

罪惡和包裝

七三一、化武遺毒、慰安婦、南京大屠殺、萬人坑、三年零八個月，這些都是血和淚的事實，都改變不了。雖然都

已成過去，卻印證了人類潛藏著殘暴的一面，可以在人冷不提防之際顯露出來。

有人說，那是上一輩人的事，上一輩人作的惡，跟新一代的日本人有何相干？為什麼後人要為前人的罪孽道歉、懺悔？

我不認為日本人永遠要背負著侵略者的惡名。但日本人還須認識歷史，還須知道侵略者為人類帶來的苦難。他們不但不應否定或掩飾前人的惡行，更要認識前人的猙獰面目，原來可以以愛國愛民族保家園或創造共榮局面等堂哉煌哉的口號掩飾。

日本人和中國人都要明白為什麼一些政客和領袖可以蒙蔽那麼多的人那麼久。原來神化了的天皇制度，和極端的民族主義可以使人如痴如醉，驅使人們撲向死亡和埋沒人性。

二零零五年八月二十三日

不必（小泉參拜靖國神社有感）

龍的傳人，

你不必為中國古代發明自豪，

也不必為中華悠久的文化驕傲。

有無創意只須看你自己，
祖宗的餘蔭保證不了你今生的價值！

大和子孫，
你不必為先人的罪孽開脫，
也不必因你是他們後人不悅。
能否頂天立地只須看你自己，
坦蕩生平全憑你的努力！

古今中外，
福人雖無數禍人也不少，
往事如煙去再改變不了。
你不必因先祖功勳而沾沾自喜，
你縱與莽夫同族生命又何曾失色！

不必，因為善惡從來不分種族，
賢愚從來只繫於一念。
惡行永遠是人類的詛咒拜祭亦不能改變，
善行卻才是亡靈真正的慰藉：
古往今來，可曾變易！

何灤生寫於立川（二零零五年七月三十一日）

Do Not

(Thoughts on Prime Minister Koizumi Visiting the Yasukuni Shrine)

Descendents of the Dragon,

Do not take pride in the ancient inventions of China.

Nor be carried away by China's long traditions even if they were finer.

Inventive or not really depends on yourself.

To be wealthy and worthy, accumulate your own wealth.

Sons and daughters of Japan,

Do not try to pretend away the sins of your forefathers.

Nor be burdened by what they had done unto others.

Whether or not you stand truly upright,

Depends entirely on what how you lead your life.

Ancient times or modern; here, there, and everywhere

Men who bring blessings live alongside those who bring ill.

What's done is done do whatever you will.

Do not intoxicate yourself with past glory;

Take command. Life shall not be tainted by past folly!

Do not pretend. Instead

Know that good and evil transcend ethnicity,

Wisdom or folly hinges on but a flash of the mind, fast as electricity.

Cruel acts remain a curse.

Your honoring it only makes things worse!

Let this be remembered:

Loving kindness alone consoles all.

That peace be with everyone who has fall'n!

(Written in Chinese on July 31, 2005 at Tachikawa, translated on

August 1, 2005 on the plane to Hong Kong.)

Israel, O Israel
以色列啊，以色列！

(Oct. 21, 2003)

Israel, what an ancient and great nation it is,

With legends of fearless heroes and wise prophets,

Renowned for its great achievers,

But so desperately in need of a Socrates.

以色列，一個古老偉大的國家。

傳下給世人無數無畏英雄和睿智先知的故事。

它有不少有聞名遐邇的高成就者，

今天卻難求一個蘇格拉底。

Israel, do you suffer from an ancient curse

Dating back from before the hard days in Egypt?

Have you angered your God?

When can you find peace's secret?

以色列，你是否受了來自遠古的詛咒？

是否在埃及那段苦日子之前已被詛咒？

你是否觸怒了神？

你何時才能找到平安的秘密呢？

Israel, where eyes and teeth beget themselves,

Israel, where the Wailing Wall stands,

Where blood like tears flows,

Where life ends and goes.

以色列，那裏以眼還眼是常態；

以色列，那裏哭牆仍屹立不倒；

那裏血像淚水在流，

那裏生命來去難測。

Israel, which continues to wait for the Messiah,

Which continues to see fallen heroes and broken families,

Which continues to face fate with courage,

In a legacy of hate and vengeance for enemies.

以色列仍在等救世主的降臨。

它仍在見證英雄的倒下和家庭的破碎。

它仍在命運前顯出無比的勇氣，

承習著仇恨和報復的傳統。

Israel, can you find haven in love?

Can you make peace with your brothers?

Do you still remember Abel and Cain?

Can you rediscover peace, and love for others?

以色列，你能在大愛中尋得避險之港嗎？

你能跟你的弟兄重修舊好嗎？

你可還記得阿伯和該隱嗎？

你能尋回安穩和關愛嗎？

Israel, O Israel!

以色列啊，以色列！

教育篇

天地間 Tiandijian

華僑子弟的教育問題 (1975 Toronto)

加拿大的華裔子弟面臨一些獨特的問題,他們一方面有深厚的中國人文化傳統,但另一方面他們又是生長在加拿大社會裏,身為家長的,往往對於子女的教育問題感到頭痛。對中國文化有認識和懷念的家長,免不了希望或要求他們的下一代學一點中國的東西。現在一些華僑團體開辦的中文班就是應這種需求而起的。本文就這類中文班及家長們應擔任的角色跟大家談談。

大體來說,教育可以劃分為兩個部份:一是處事待人及待己的態度和方法;另外便是知識方面的傳授。在早歲的時候,首類教育尤為重要。因為一個人的性情品格和價值觀念和早歲的體驗有莫大的關係,而性情品格和價值觀念又是影響個人生最重要的因素。

我提出下列十個教育綱領給大家參考:

一·培養孩子對自己學習能力的信心。教學時必須體察孩子程度,由淺入深避免一切由於課程安排或教學方法不當而使孩子感到己不如人的環境。同時亦應使學生了解所有認真的學習均是需要時間的過程,不可能一蹴即至。

二‧培養做事盡力而為不亢不卑的態度。就是做得好時不驕傲，做得不好時不氣餒和不自卑的態度。

三‧培養常常自我檢討的習慣，鼓勵知過能改，敢於承認過失的勇氣。

四‧培養自主，不依賴他人的態度。（以上四點是關於對待自己的教育態度）

五‧培養對別人關心。

六‧培養對別人的尊重，像自己需要人家的尊重一樣。

七‧培養坦白表達的態度，但用詞要客觀及合理。避免用謾罵或誹謗性的字眼，務求以理服人，這樣才能增加人與人之間的了解，方便人與人之間的互相幫助。(以上三點是關於對待別人的態度的教育)

八‧培養對社會和家庭的關心。

九‧培養對各民族的興趣。

十‧培養認識事物應有的態度，就是懷疑，思考，印證，不能隨便接受道聽塗說（以上三點是關於對社會、民族和一般事的態度的教育）

我覺得如果我們的華僑子弟能做到上列十項的話，他們不但可以堂堂正正地立在加拿大社會，得到人家的尊重，更

可以給別的民族做好榜樣。縱使遭受到人家的歧視，也不是他們的過失。經過一段認識過程後，歧視自然會煙消雲散。

我認為中國語文的傳授比上列十點培養都來得次要。我提議中文班的師長或家中的長輩對孩子們不宜施壓力要求中文水準的進度。至於上列十項，倒應加倍留神。

博雅教育與核心價值

（原載於筆者所編《二十一世紀香港新一代的成長》，明報出版社，2005；2010年修定）

博雅教育的要義人言人殊，但我相信教育的目的是實現自己和眾人的幸福，而博雅教育則更是自己和眾人幸福的大法。我相信，做人的「核心價值」亦正就是自己和眾人的幸福。

天下間再沒有比追求幸福更重要的事情了。追求幸福既然是人之常情，我們自然理解時下不少青年人「及時行樂」的心態。但是事實證明：「及時行樂」、妄顧後果反而往往使人更不快樂。這就是為什麼快樂之道要學、追求幸福要動腦筋、要反省、要戒衝動。

　　我想博雅教育的要義就在於學習一種生活的態度。這可用BRIGHT六個英文字母概括之。B就是Bold，即勇氣。這是面對挑戰面對困難的勇氣，也是挑戰權威、挑戰自己、挑戰因循守舊的勇氣，這包括承認過失、面向將來的勇氣。R就是Responsible，指承擔責任，對自己的行為思想言語負責。I即Inquisitive，指求知求真，是一種明白事理、開明謙虛的態度。G就是Global-minded。一個有全球視野、了解人類共住「地球村」的人，就必須愛護環境、愛護地球。H是Humanist即人道主義，關心世界上苦難的人，了解歷史上人類自相殘殺互相傷害的成因，尋求人類和平共處，以致互相關愛，守望相助。H也代表謙虛(Humility)；虛心就可以不停追求進步。T是Tolerant，是一種接受異己、接受他人不同的宗教、文化、和生活方式而不去排斥別人的胸襟。

　　掌握了BRIGHT的態度，我們的生活將會更充實；我們的人生將會更豐富、更精采、更有意義。我們將會在挫折中學得堅強、在失敗中取得智慧、在生活中活出愛火。這愛火不同慾火。愛火使天地動容，使人生重燃希望；慾火卻會使人迷失。君不見多少人被慾念煎熬、以致利慾薰心、人性泯滅！

　　所以我說：博雅教育的精神在於肯定自己和肯定人性積

極的一面，同時無畏無懼，下定決心征服人性黑暗自私的一面。博雅教育讓我們自由發展創意空間，共同體現四海之內皆兄弟的天下一家的理想。放眼於家家積極進取、戶戶幸福快樂的美好願景並努力成就之，就是博雅教育的核心價值。

教育改革為什麼愈走愈錯？

（原載於《香港教育七十年》，2004年香港教師會出版）

　　香港在過去半個世紀不停地推行形形式式的教育改革。表面上，這是不自滿和進取的表露，鑒於教育為社會長期發展的根本，香港人有如此進取的教育家不停推動教改，本應甚可欣慰。可惜，多年來的教改多是盲目、衝動，而欠缺真知灼見，結果誤了莘莘學子、也險些送掉了香港的前途。我們有必要冷靜下來，檢討一下過往的缺失。否則，空喊着動聽的、如「樂善勇敢」的口號，一味朝着漂亮但遙不可及的目標空闊、卻不知仍是原地踏步，我們只會浪費時間、浪費金錢、和浪費新一代人的青春。

　　香港教改何以愈走愈錯呢？我分析的結論是：本末倒置、因果不分、理念不清、漠視人性等四項。

　　就以二零零一年的香港教育制度改革簡介提出的四個口號：「樂於學習」、「善於溝通」、「勇於承擔」、和「敢於創新」，內容本來沒有什麼不妥，但是有沒有想過「所作為何？」這個「所作為何」就是「本」。我們固然希望年青人都樂於學習、都懂得如何學習、都善於溝通、都勇於承擔、都敢於創新。但是這些都只是「末」，我們更重要的是要出盡法子使他們懂得珍惜生命、愛護生命、愛護自己、愛護別人。有了這個「本」，哪怕年青人不會樂於學習？哪怕他們不善於溝通？哪怕他們不敢承擔、不敢創新？但是這個「本」需要好好培養，而這個培養最需要的養份就是成年人和整個教育制度對他們的尊重和愛護。

　　多年來我們有沒有好好地尊重和愛惜在學的新一代？試想多年來我們把小學畢業的同學分作五個組別去派位，及至去年起雖作改變仍把他們分作三個組別。試想小小年紀被「上」、「中」、「下」三等或「上上」、「中上」、「中中」、「中下」、「下下」等標籤困擾，小孩子備受壓力、家長備受壓力、學校備受壓力，如何貫徹「樂於學習」的理想？難怪我們的小學功課多、壓力大。

　　我們希望小朋友勇於承擔、敢於創新，但是大人講的一套，做的又是另一套，小朋友怎能信服？

就看教育改革多年，花式多多，但創意何在？多年來我們搞教改的，主要還是東抄抄、西抄抄，還要老遠的跟在人家後面，人家走過的發覺走不通的我們偏去抄。多年前搞「傳意式」學外語的高官，到底憑什麼理論或事實，訓示我們的中小學不用教英語文法？這個代價高昂的實驗的後遺症就是：今天出道的醫生律師老師會計師，竟不乏未能以正確的英語寫一封普普通通的信的。這個代價高昂的實驗，有誰來負責？有誰來承擔？

多年前，香港的教改先驅認為學生功課多壓力大的根源來自考試，於是發明了不倫不類的學能測驗，這個「創新」其實抄襲自IQ測試，卻把同學的專注力由中、英、數的基本學能轉移到「無厘頭」的學能測驗。發明學能測驗的高官，深以為學能測驗「無書可讀」便可減低學生的壓力。事實卻證明：壓力仍在。

小朋友仍難以樂於學習、仍要為升中發愁。聰明的高官於是又再「創新」，建議學校「結龍」。有人問：家長為了競逐子女能夠入讀「一條龍」學校，學生在小一入學時豈不是要面對更大的壓力？這個問題問得好！官方的標準答案也答得妙：「一條龍」辦學模式與學校的教育質素無必然關係。並非就讀一條龍學校的學生仍有很多優質的中學可供選

擇。筆者百思不解的是那麼結龍的理念在哪裏？那麼為什麼要結龍？

其實，大家心知肚明：小學升中學生分作上中下三等才是真正壓力的來源。只要還有學校主要收納第三等的學生，就有壓力教學生和家長煩惱。學生和家長視該等學校為畏途，乃人之常情，掌教育的高官若非不了解人性，就是漠視人性。

是以筆者多年來鼓吹小學升中只分作兩個組別，一為「優秀組別」、一為「一般組別」。優秀組別學生（約佔20%）可以成績競逐任何自己認為的名校，成功與否由學校定奪。其他學生（餘下的80%）則隨機分派到鄰近的中學。如此，一般中學生源的質素不會有很大差異，可以公平地一展所長，其中優質的學校慢慢會脫穎而出，成為優秀學生的選擇。相反，本來受青睞的中學，如果辦得不好，亦會逐步被學生放棄。這叫做公平競爭，各展所長。

筆者深知部分老師會擔心學生質素參差對有效教學不利。這個問題其實不難解決。學校可在校內把學生分班施教。很明顯，校內分班標籤效應不大，不致給學生做成太大的壓力。

筆者這個建議可以真正解放我們的小學，讓它們追求自

已教學的理想。由於不用再擔心畢業同學大比數派到「三級」中學，校長、老師、和同學都可以鬆一口氣，重拾笑容和理想。而且考試也不會再哪麼可怕，可以重拾它應有的功能。透過考試，同學和老師都可獲悉教和學的有效度(EFFECTIVENESS)，這對於改善教和學都很有幫助。

除了考試之外，另一個因理念不清而被視為洪水猛獸的就是操練(DRILLING)。其實一切學習的基礎正在操練。沒有操練，可以說什麼也學不成。筆者懇切希望主教育者、特別是前線老師，切勿被誤導而以為不可給學生操練。無論是學習國語外語、音樂美術、科學數學，無一不以操練為基礎。我敢說：古往今來，世界上根本找不到一位不經苦練而有成就的音樂家或藝術家，也找不到一位毋須苦練而有成就的數學家或科學家。有人以為操練是創意的敵人，這完全是錯誤和不科學的結論。事實上，模仿(IMITATION)和操練可說是創意之母。Scientific American Vol.283, No.4, (Oct.2000,頁52-61)中Susan Blackmore指出「視模仿為傷害創意是坊間流行的觀點，卻給生物訊息傳播學的理論(MIMETIC THINKING)推翻了。該理論視人類的創意思維為一種進化過程，而此進化過程則主要倚賴模仿和抄襲。這正是為什麼，與一般見證剛好相反，模仿竟然是創意思維之母。」若然教改否定操練和

模仿，筆者肯定會帶來災難性的後果。

本港教育的語文改策是另一因理念不清和漠視人性而做成的敗筆。按兒童心智的成長，最能有效學習外語的時候正是最年幼、正值未受既定思維影響的時候。錯過了這個時機，腦子已接受了母語的框框和習慣，再學外語就會份外吃力。其實年幼時兒童同時接受多個語言作為溝通工具是自然而不費力的事情。這個時候，溝通的內容以生活為題材，特別容易接受。相反，到了高中，才以外語作為教學語言談複雜和抽象的學術內容，同學適應倍感困難。偏偏我們的領導人指定小學和初中（除指定少數中學外）要以母語教學，高中則容許以英語教學。這不是倒行逆施是什麼？

我們教改既然肯定創意的重要性，就要躬行實踐，給學校創意的空間。要創意發揮，總不能處處指指點點：什麼細則、如何檢討、如何自我評鑑，——圖文並茂巨細無遺詳載三十多頁給前線老師提點。這份「推行校本全方位學習：優質架構」的文件由課程發展處的「全方位學習組」草擬。名為「校本」什麼的，卻沒有留下多少空間給學校去自己發揮、自己尋找。可以想像，有了這份藍本，其中還載有多款各式各樣的表格，老師可就苦了，不但文書工作大增，兼且由於都是按指令(說得好聽一點是建議)填寫，創意的興致大

減。老師於是慢慢失去主動、失去創意，又如何能潛移默化，帶動學生去發揮創意呢？可見，只有在足夠的創意空間下，老師和同學們才可自由地探索和發展。我們須尊重他們，也教他們尊重別人。我們要讓他們在求知和不停探索中肯定自己。

除了「認清本末、尊重生命」之外，成功的教改起碼還要做到「分工有法、各展所長」和「掌握人性、順其自然」兩項。

所謂「分工有法、各展所長」，我指教統局和辦教育的人應有合理的分工。教統局不應把學校和老師的職責搶過來，再按主觀意志定好格局，然後拋回給學校、老師，要求他們按本子辦事。過去政府高官費了很大的氣力，要求學校做的，什麼目標為本、什麼傳意式教學、乃至現時所謂的「校本管理」，其實都是越俎代庖。其實教統局真的要給學校和老師多留一點空間，讓他們可以發揮一點自己的創意。而教統局自己則應做好自己的本份，在檢定師資、檢定教科書、訂定課程概要、籌備公平合理的公開試、和向合資格的辦學團體撥款等已十分足夠。教統局的責任是訂定簡單公平和寬大的遊戲規則，辦學團體和老師則應在遵守遊戲規則下任意發揮，各展所長。

　　所謂「掌握人性、順其自然」，就是說我們要掌握學童發展的步伐，不做揠苗助長的事情，合理有效的操練我們不怕做、能讓學童和老師掌握學習進度的考試我們也不怕考。兒童早歲學外語份外容易，我們就多讓他們在早歲多點接觸外語。孩子成長速度有快有慢，我們要讓他們享有多次機會去追尋自己的理想，而避免一早就把他們卡死了。孩子各有不同的長處，我們要發掘出來都盡量讓它們可以按自己的步伐發揮。

　　教統局長李國章說：「雖然有部分前線教師對種種變革感到壓力大，吃不消，但都了解教改是必須的，可以為學生帶來很多好處。」（《明報》二零零四年年三月二十日）說老實話，不少老師都是盡心盡力去做，也不介意多花心力，但是人性是這樣的：自己選擇的、自己決定的，勞心勞力都不覺苦，長時間工作也不覺苦。但倘若然是人家指定的任務，要交差的，則難免覺得無奈難熬。不知李局長明白這道理否？

港事篇

言論自由、新聞自由有賴官民合作

（二零一四年四月二十八日）

http://www.liberalstudies.hk/blog/ls_blog.php?id=2004

關鍵字：言論自由，新聞自由，濫權，政黨政治，尊重，寬容，香港，自由

　　言論自由和新聞自由可貴，一個原因是人性本來就喜歡自由、自主、自在；另一原因是人類社會文明的進步，有賴思想交流和制度演化；最後一個原因就是作為監督政府和一切掌權者的手段。我們的認識本來就有局限性；我們的制度本來就不完美。言論自由、出版自由、新聞自由可讓大家檢視不同的思考角度，促進社會的進步。由於社會難免會有階層之分，權力總會有不同程度的集中，有必要依靠言論自由和新聞自由制衡掌權人士，防範他們濫權。

　　然而，真正和完全的言論自由和新聞自由在世上其實十分罕有。何解？原來除了有可能被掌權者打壓外，還有來自民間內部的壓力。在今天的香港，來自官方的、對新聞自由和言論自由的打壓並不明顯，反而基於不同的考慮，很多人的言論都是言不由衷的；個人恩怨、商業利益、政治考慮、

投人所好等等，都可以扭曲一個人的言論。這些考慮，同樣會影響媒體，以致媒體中的言論，甚至新聞報導，都可能遭受不同考量的扭曲。

我不喜歡政黨政治的一個原因，正是因為政黨都有一套自己的理念，而黨員都會因此而受到制肘。某人參加一個政黨，多多少少就已經構成某種妥協，因為縱使主要的理念與自己的很接近，亦難免在具體問題上彼此出現分歧。參加了一個政黨，就要接受言論受牽制的事實。我寧願每一個參政人士的言論都真確地反映他自己的觀點，每一個參政人士都以個人身份參政。

《金融時報》的社論版每天都登有該報的金句：Without Favour or Fear，即是「不偏私，不畏懼」，意指會憑良心就事論事，執意求真。如果辦報的人、記者和撰稿人都能本著這個態度去辦報、採訪、撰文，那麼我們的新聞界就會有新聞自由和言論自由的文化。記者和評論家能秉持這些原則，就值得我們敬重。

然而，言論自由還要靠廣大公民養成一種「尊重文化」和「寬容文化」才能體現。言論自由應該是大家共享的，而絕不應狹隘地理解為我和同路人獨享的言論自由。和自己相左的人一樣應享有暢所欲言的空間。「尊重文化」和「寬

容文化」其實可稱為言論自由的基石。有了「尊重文化」和「寬容文化」，大家就可以天南地北無所不談，沒有話題太敏感、沒有觀點太尖銳。大家暢所欲言去擺事實，講道理，不作人身攻擊，不扣人家帽子，不低貶異己之見為歪理邪見，不去喧鬧阻人發言，不作噓聲羞辱人家，當然更不會暴力對待持異見者。誠意交流必須心存謙卑虛心聆聽別人，並尊重別人發言的權利。很不幸，這樣的香港好像已不復存在。於是，在不知不覺間我們所珍惜的言論自由空間已收窄了。

言論自由不應是任意罵人、任意用粗言穢語的自由，也不是任意編造故事詆譭人家的自由。沒有起碼的自制力就沒有共享自由的條件。

但是，是誰收窄了我們言論自由的空間呢？

公義是什麼？

（二零一五年九月二十一日）

http://www.liberalstudies.hk/blog/ls_blog.php?id=2664

何濼生

　　雨傘運動的兩個重要概念都要搞清楚。其一固然是民主；其二則是公義。早前我提出民主有實質民主和形式民主之分。實質民主指積極回應國民的訴求的政府。這顯然以結果（Outcome）為重點；形式民主（Formal Democracy）則指由選舉產生的政府。這顯然以過程（Processes）為重點。我個人對過程非常重視，但卻不大認同選舉務必是政府形成的過程。我不見得選舉勝出的領導人一定會優於由其他機制選拔出來的領導人。公義同樣有偏重以結果（Outcome）為重點的定義；也有偏重以過程（Processes）為重點的定義。A. K. Sen較喜歡以結果（Outcome）為重點去定義公義，他批評John Rawls的以過程（Processes）為重點過於抽象和「離地」。Rawls提出大家要放下自己的身份和個人利益，才能思考公義的本質。一個社會的制度若能為「忘我」的人（behind a veil of ignorance）所接受，它自然是合乎公義的。

合乎公義的制度應該會給大家相同的起跑線並副以公平的比賽規則（Rules of the Game）。

對不少人，Rawls 這樣的定義可能嫌不著邊際。現實世界中，不可能有相同的起跑線，而比賽規則亦不會完全公平。美國名牌大學往往為黑人或其他視為欠缺機會的人士設更寬鬆的入學條件，並稱之為平權行動（affirmative action）。平權行動到底是遵循公義還是違反公義？這顯然是極具爭議，人言人殊的議題。

我是John Rawls 的支持者。Rawls教我們不要被既得利益（vested interests）左右對公義的判斷。我在一篇論文提出公義有根本公義（Fundamental Justice）和處境公義（Incremental Justice或 Situational Justice）之分。根本公義不具爭議。拼棄了個人身份個人利益，沒有人會認同奴隸制。但奴隸主既然付出了價錢，當然會認為解放奴隸為不公義。是以處境公義要看你站在什麼位置看問題。Rawlsian Justice其實跟儒家「推己及人」，「己所不欲勿施於人」的道理相通。Rawlsian Justice並不離地。聯合國的人權宣言的基礎正是易地而處、平等待人的精神。

完全合乎根本公義的社會雖然並不存在，Rawlsian Justice卻可逐步體現；不同社會達致根本公義的程度亦容有分別。

我會認定：北歐如芬蘭、瑞典、丹麥比美國更為公義。我亦會認定：對異教徒或改變宗教信仰的人士迫害違反根本公義。

Sen 的 The Idea of Justice 舉一個例子。有3位年輕人在爭奪一支長笛。第一位說他應該擁有它，因為只有他會吹奏，把笛子給不會吹的人等同浪費，所以不公義。第二位認為應是他的，因為長笛是他親手製造的。第三位則是最窮的，所以應歸他所有。Rawls 可否判斷誰是誰非？

用 Rawls 的思維，想像自己身份不定，有同一機率是三人任何一人。你會把一個人親手製造的物品拿走、強行給最窮的那位或最懂吹笛子那位嗎？社會行這樣的制度，還會有人造笛子造琴嗎？Rawls 的思考方式並非離地，不是彰彰甚顯嗎？

Sen 寫道：最鼓動我們思考公義和不公義的，正是查找出矯正不公義可能。而查找出矯正不公義的可能，亦是公義理論的依據。("The identification of redressable injustice is not only what animates us to think about justice and injustice, it is also central … to the theory of justice."(p.vii, in the Preface) Sen又寫道：如果公義理論的目的是協助我們在政策、策略、或制度上作出明智的抉擇，我們根本用不著、也靠不

著去尋找完全公義的社會安排。("If a theory of justice is to guide reasoned choice of policies, strategies, or institutions, then the identification of fully just social arrangements is neither necessary nor sufficient."(Sen, p.15) 我雖同意這觀點，但Rawls 給我們的啟示，也不在於烏托邦的塑造，而是在於以推己及人的觀點去思考如何推進社會的進步。

References:

John Rawls (1971) The Theory of Justice, Harvard University Press.

Amartya Sen (2009) The Idea of Justice (Belknap Press of Harvard University Press).

Ho, Lok Sang (1997) "Institutional Foundations for a Just Society," Journal of Socio-Economics , Vol. 26, no.6, 627-643.

Ho, Lok Sang (2011) Public Policy and the Public Interest, Routledge.

佔中爭民主七問七答

（二零一三年八月八日）

　　我素來認為平權和限權是一切文明社會所應具備者。平權指作為公民的一份子，大家都應享有平等的權利；限權則指掌權者所掌之權，只應用以為民服務，而絕對不可以權謀私。而在平權和限權之間，又以限權更為重要。如果能有效地防止濫權，誰人當選再不是那麼重要，即使自己心儀的人選不上，自己都會樂於接受。但是，如果不能有效地防止濫權，則所謂民主只會徒具形式，實質變成爭權奪利、腐敗害民的勾當。

　　基於法治對防止濫權的重要性，無論我們多渴望平權，也不應參與或倡議違法佔中。

　　1. 爭取民主為的是什麼？

　　最重要是為了保障人民的基本權利，即是保障人權、人身安全、私有財產不被侵犯。（防濫權防瀆職或限權）其次是希望藉民主選出賢能之士，為人民謀福祉。（選賢與能）再其次是帶來平權和平等訊息，這對促進社會和諧有裨益。

2. 爭取民主是否值得付出任何代價？

如果付出的代價是更多的濫權就不值得。其實濫權本身就違反民主精神，有濫權就意味着有人的權利無辜地被濫權者踐踏。一旦濫權成風，社會和諧即被犧牲，若濫權者和賢者都參選，濫權者勝出機會更大；賢者放棄參選機會亦大。選賢與能將成空話，反而爭權奪利和腐敗將更趨嚴重。最近透明國際就有報告指世人普遍認為政 黨是舉世最腐敗的組織，印證了濫權和腐敗並沒有因民主政治收斂。

3. 爭取民主何以必先確立法治？

法治代表人人均得接受同樣的標準和程序。法治的精神在於：以法限權得以確立，就無人可漠視法紀隨意損害別人的利益；程序公義得以確立，大家就覺得生命財產人權均有起碼的保障。有了法治，民主程序才受尊重。否則一旦選舉結果不合自己的意願，就上街搗亂，這樣的所謂民主對任何人都沒有好處。

4. 如何方可確立法治？

要確立法治，制度和文化都要配合。制度要取真正的三權分治，互相制衡；文化要取真正的尊重法紀，培養守法精神。

5. 惡法難道都要尊重？

很多法治之邦都有過時、不合理、甚至極為愚蠢的惡法。此等惡法不改就會影響大家對法治的信心和對法律的尊重。是以大家遇上惡法就好應發聲爭取改變。但爭取改變仍要循合法程序，避免損及無辜。否則就會損害守法文化。

6. 何以佔中屬濫權？為何大家不應支持佔中？

倡議佔中者口口聲聲說以違法的公民抗命為手段爭取平權的真普選。但是佔中侵犯別人行使正常活動的自由。這顯然是濫用公民權。我們不能一方面要以法限權，一方面又縱容自己濫權。

7. 為了公義進行公民抗命不是很有意義嗎？

歷史上確有值得大家尊重的人士進行公民抗命，甚至革命起義，但都是在堪稱暴政的環境才出現的境況。香港有良好的法治基礎，濫權情況未算嚴重；香港失業率低、社會保障制度雖有改善空間卻已為以十萬計的家庭解困，醫療系統、公屋福利近年亦積極改善，又有出版宗教遊行等自由，顯然談不上暴政。如果濫權本已受抑制，自己卻帶頭濫權，就變成欲速不達、弄巧反拙。

其實，我不反對合法示威爭取自己認同的真普選。我只是反對違法佔中。倡議佔中的人士呼籲：只要相信自己守的是公義就可理直氣壯地違法侵犯別人的權益。儘他們還聲稱

佔中須有利他精神。這真的十分可怕十分危險。這種思維一旦成為氣候，我們的基本權利都會變得毫無保障。

人生無常、實智有常

（關品方《對決》新書發布，何濼生發言稿，二零一四年十月四日，中華智慧管理學會）

人生無常，很多事情的交錯造就了多彩多姿的人生：有情有義的人生；悲歡離合的人生；歡愉的人生；遺憾的人生。很多時候，一念之間就足以改變人生，禍福只在彈指之間的一念。佛家說因果無常。為人熟悉的一句偈是：一切有為法，如夢幻泡影，如露亦如電，應作如是觀。所謂有為法，在人世間，乃指只要有心的造作、就會透過心種的因，配合諸緣，產生不同的現象結果。但是一切的現象結果，不過是過眼雲煙，如夢幻泡影，不多久便會幻滅。關鍵的是，在瞬息萬變之後，還有沒有永恆的價值？如果不能超越有為世間，看不到、體會不到永恆的價值，那麼人生可還有意義？

在品方兄所著的《對決》，可以說訴盡人生無常和無

奈。主人公程志軒是一個學者，本身豐富的人生歷練，加上對佛學很有研究，能夠在講堂上對禪宗公案娓娓道來，有條不紊地分析解說，照理應該可以瀟灑脫俗地享受生活，體現自由自在的人生。但學問跟實踐可就是兩回事。人在局中，容易糾結而不自知，愈是糾結，煩惱就愈多，最後也就愈難走出窘局，最後，兩段浪漫旖旎的感情和婚姻，都落得遺憾收場。

程志軒的一生，代表著在坎坷中奮鬥；學有所成乃至事業有成中卻在感情生活中折騰；學禪若有感悟卻又始終走不出凡人對攀緣的執著。程志軒的一生其實也是很多人、甚至是學佛人的寫照。心靈的成長不是靠佛學的浸淫就可達致；實踐功夫是要靠非比尋常的自省力。偏偏這自省力就是一般人最匱乏的要素。

品方兄曾旅居日本多年，對日本人的文化認識深厚。在《對決》這本長篇小說中，就十分細致地反映了日本人的內心世界和傳統文化。品方兄對日本歌謠興趣甚濃。我亦有幸曾聽他以日文演唱。

像《飄》、《戰爭與和平》等著名小說，《對決》以歷史為背景，訴說永遠講不完的故事。細讀《對決》可以了解六、七十年代的香港社會，讓我們一睹當時香港人如何生

活，如何適應困難的環境奮鬥自強。

品方兄是我在港大的同學。大家同是社會科學學院的學生。他低我一年，所以大家雖然互相認識，交情卻不深。我更不知道品方文學功力如此深厚。我很難想像到社會科學學院的學生可以寫出如此流暢清麗的文字。在小說中，不論是哪個人物，都活現紙上變得有血有肉。有趣的是：原來鮮有一個能放下攀緣的習性。事實上，如果一本小說所訴說的人物都有瀟灑脫俗的智慧，讀起來就會使人覺得不近人情，難以引起共鳴。可見絕大多數人，這當然包括絕大多數讀者，都是身不由己的凡夫。

談到對決這主題，其實除了不同文化之間和人與人間的衝突所引發的、流於表面的對決之外，內心矛盾的對決其實更具關鍵性。人生很多事雖似是命運安排，就如志軒年少時的好友錦滿突然遭逢家變一樣，往後如何發展，一個人能不能從妄心的枷鎖中解脫過來，能不能看透和解決內心世界的矛盾，開拓一個新的天地，何嘗還不是要看自己如何處理內心的對決？

佛家說：萬法唯心，還是有其道理。

參加幫港出聲一年的感想

（二零一四年八月）

　　我參加幫港出聲，並擔任發起人之一，目的只有一個。就是以獨立學者的身份，去推動法治和民主的文化。幫港出聲開宗明義反佔中，我本來就反對佔中，認為佔中達不到倡議者預期的效果，反而侵蝕了法治和民主的文化。所以我欣然接受了邀請，變成了幫港出聲發起人之一。

　　有人因我這個新的身份，「驚覺」我是「建制派」。在Facebook罵我不是幫港而是幫共。人家怎樣看自己，我無法管；但自己倒要做真正的自己。在電台，有聽眾說我沒有學者的風骨。我想：做真正的自己，說出真心相信的說話，不正是學者應有的風骨？其實這也應該是每一個人做人應有的態度。不管人家怎樣想怎樣看，管好自己的思緒，才能做一個真正快樂的人。

　　法治和民主的文化對實現民主的理想十分重要。法治和民主的根本理念，乃在於易地而處、推己及人、己所不欲勿施於人。法治與人治的分別在於前者尊重程序、依法辦事；後者則罔顧程序、但憑一己之意強加於人。法治和民主的精

神在於尊重每一個人的權利。我們說要維護言論自由,不能只維護中聽的言論的自由、打壓不中聽的言論的自由。說人家是「共狗」、說別人的言論是「群魔亂舞」,倒不如說清楚人家的邏輯或聲稱的事實錯在哪裡。如此,才有機會明白真相,了解真理。

佔中三子聲稱香港要公民抗命。但公民抗命要合理,就必須有重大的不公義。否則任何人遇上自覺不公義的事情就去擾亂公眾秩序,是不是太危險?

香港在World Justice Project排名比美國高。二零一四年整體排名香港位居16,美國位居19。其中清廉指數香港位居9,美國位居21,高出很多。在基本人權香港位居29,美國位居27,只屬稍遜。多個民調亦一致顯示反對佔中比支持佔中比例多逾倍。佔中公投在十天內取得七十萬人支持;反佔中保普選大聯盟九天內取得九十萬人簽名。戴耀廷指反佔中保普選大聯盟簽名運動是東施效顰,這是對別人表達意見十分不尊重。他亦不應抬高七十萬人簽名的質素、貶低九十萬異見人士簽名的質素。

我對香港人仍抱莫大的信心。我拒絕「建制」與「泛民」或「反對派」等標籤。我只相信就事論事,不作他想。

實質民主

其實民主最重要的元素應該是以民的福祉為主。政府能具體地回應人民的訴求，提升他們的福祉就是實質民主。文獻中有 Benevolent Dictator 即「惠民的專制者」的說法，我認為不知所謂。虛心地聽取人民的心聲，誠懇地默默滿足人民的需要，不是民主是什麼？

在經濟學中 Consumer's Sovereignty，直譯為消費者主權（消費者當家作主），即消費者決定生產者生產什麼。在自由市場生產者必須回應消費者的渴求，否則就會遭市場懲罰。實質民主的概念正就是把「消費者主權」的概念應用於政府的工作。政府不過是政府服務的生產者。有效地向國民提供他們所需的，包括基建、人身和財物的安全、醫療教育、社會保障、公義的法律服務、人權的保護、穩定的經濟環境、重要的資訊、和可能下最大的自由等等，就是實質民主。

愚見認為：很多國民其實不大理會政府由誰主持或如何選出，但十分關心政府能否提供他們所需的服務。這就像消費者不大理會消費品生產商的股權結構。只要產品價廉物美，是誰控制生產並不重要。

作為公民，最擔心的其實是政府官員和政客公器私用、濫權瀆職。因此公民應視法治、新聞自由、和其他防止濫權的機制為重中之重。只要能確保為官的和政客都不能濫權，大家享有法律賦與的保障已屬不錯，政府如能由「最民主」的方式選出組成固然理想，但並不是最重要。

對抗政治的本質和出路

三種矛盾

對抗政治可以涉及三種矛盾。一是經濟（物質）利益的矛盾、一是心理利益的矛盾、一是對解決問題方法上出現的矛盾。譬如有人指政府應收回粉嶺高爾夫球場土地用作房屋上的興建，或指政府應向球會收市值租金，這顯然涉及經濟利益上的分配問題。譬如有人指政府應推行國民教育是洗腦，不撤回就難安心，這就涉及心理利益的矛盾。又譬如有人認為教資會強迫大學推效益為本的教學方法（Outcome-based Teaching and Learning）有助改善教育質素，有人卻不同意，而訴諸行動反對，這可說是大家對方法看法不同，造成矛盾。當然，此三種矛盾可以同時存在。

遇上這些矛盾，各方利益集團或派別通常都會各不相讓，在政治舞台上角力，各出奇謀，合法的非法的都可能用上，結果通常都不是對社會最有利的。

在行政黨政治的社會，在個別議題本身造成的議題外還有政黨利益的考慮。大家看看美國民主黨和共和黨之間的惡鬥，就可窺見黨爭如何險惡、如何置國家利益於不顧。英語稱之為brinkmanship，就是指政客為求達到目的，常以巨大的人民利益作賭注。共和黨就是這樣要脅民主黨：你不想關閉政府運作或國家債務違約，就乖乖服從我黨的要求，撤回早已簽好、有法律效力的Affordable Care Act！

憲政和改變對抗文化為出路

「民為貴、社稷次之、君為輕」是孟子兩千三百多年前的名句。放諸今天，可改寫為「民為貴、社稷次之、從政者為輕」。我們的政客心中想的，是人民的利益還是自己的（或自己政黨的）政治利益？政客要的是貨真價實的民主，還是自己的政治利益？

我早就對政黨政治甚有保留。今天有人說梁振英施政困難乃源於他在議會內沒有足夠的支持。如果他是普選產生

的特首、有政黨支持的特首，他的施政就容易得多云云。然而，議會中的尊貴議員不是為民請命的嗎？如果政策是好的，為什麼他們要反對？如果他們已憑良心投支持或反對票，而梁特首的政策又真的不堪，他們反對有理，說特首在議會「自己友」不夠難以施政根本站不住腳。我們倒要問梁氏何以沒有懂政策的智囊。

是以筆者不認為現時的政制是特區政府施政困難的核心。特區政府施政困難主因乃源自「以對抗為手段、以服務社會為次、以撈政治本錢為目的」的政客文化。這種文化不改，我見不到政改除給大家一時間的感覺良好以外還有什麼實質的好處。

其實筆者一直最相信的是設計周全的憲法、良好的法治、專業的和自由的媒體、和互相尊重、推己及人的文化。我從來質疑政黨的社會功能。為什麼政黨對黨員要有所牽制？每位從政者不是應該向自己的良心負責、只管吐出心中最真實的政見、為人民謀福祉的嗎？我難以接受委屈自己去遷就黨的立場----除了像「服務人民」那麼籠統的立場外。我認為政黨政治多是反民主反自由的。

所謂設計周全的憲法，即是真正以人為本、推己及人、切實保障每一個公民應享的自由和權利。有了憲法和法治、

又有專業的和自由的媒體、又有互相尊重、推己及人的文化，政府官員和政客都難以濫權，都受各方監督，我認為落實民主的基礎已具備。如果能通過公平的普選去選出行政長官，就錦上添花，更為理想。

我對政改路向的建議

我有三個具體建議。

一是按基本法45條的規定，由有廣泛代表性的提名委員會提名特首候選人。筆者認為只要有適當安排這仍可以是低門檻和公平參與的選舉。我會建議參選人必須莊嚴地承諾尊重基本法和一國兩制，在提名委員會中取得十分之一的淨額支持，即可正式成為特首候選人。一俟取得十分一淨額支持，候選人不得再邀請提名委員會成員給予他或她額外的提名票。

過去，提名委員會成員為向熱門候選人表忠誠，儘管候選人已獲足夠得提名票數可以入閘，仍不斷爭取不必要的提名，結果嚴重影響其他候選人入閘的機會。

筆者建議參選人須莊嚴地承諾尊重基本法和一國兩制，其實十分合理。首先，沒有一國兩制就沒有香港特別行政

區，參選人既然希望當特區的首長，當然須認同一國兩制的框架。如果言行上與承諾抵觸，香港法院可褫奪其參選或當選的資格。要落實這建議，選舉法有必要修改。

二是有關支持度淨值的建議。無論提名或投票，每提名人或投票人均有兩票，可用以支持或反對某人的提名或競選。淨值就是正票減去負票。提名人或投票人最多只能給一個人一支持票或一反對票。提名人或投票人最多可支持或反對兩個參選人。這個建議旨在選出一個大家都能接受的人物，公平地篩走有不少人反對的惹火人物對長治久安有好處。一人兩票，如不投反對票，可同時提名兩位候選人，如此便可增加不同背景入閘的機會。

三是有關功能界別議員的投票安排。筆者認為功能界別議員雖來自功能界別，但不應視為業界爭取利益的代表，而只應是借助本身的專業或對業界的知識更好地服務全體市民，因此他們必須面向全體選民。筆者建議每位選民由電腦隨機抽樣取得三個功能組別進行投票。在這安排下每位選民將獲同等票值的投票權，而為業界爭取利益再不是功能界別議員的職責。

筆者認為香港目前的困局是香港人自己招來的。要從困局中釋放出來，其實不是靠什麼真普選，而反而是要改變我們已習以為常的對抗文化，重建以人為本的尊重文化。為政者應心繫市民的長期福祉，堅持政策要有可持續性，並放下狹隘的政治利益的考慮。

筆者支持低門檻的特首普選，但不見得背離基本法和人大常委早前的決定的提名方案有任何被採納的機會。更甚者，基本法明文規定提名委員會有特首候選人的提名權，條文文意清晰，總不能被詮釋為蓋橡皮圖章的機器。

學民思潮諸君關心社會、心懷理想，值得稱讚。參選人不妨徵集市民支持的簽名，以作為向提名委員會成員要求提名的依據，但必須尊重個別成員提名與否的決定。但單憑若干數目的「公民提名」就要提名委員會「蓋章放行」，相信有違基本法的本意，甚至有違法治精神。

敬賀法住三十周年院慶

（二零一三年八月）

何濼生

　　本人認識霍韜晦教授已近三十年。一九八三年九月我上任中文大學教職之前，早已久仰霍教授大名。由於筆者承皈依師誠祥法師叮囑，要把台灣出版的《佛陀的一百個故事》翻譯為英語，而其中部份名詞筆者未能掌握，當年便曾向霍教授討教。當時霍教授仍任職中文大學哲學系。最後該書在加拿大湛山精舍和中大佛學會協助下印了一千本。譯文本現時仍可從筆者嶺南大學網頁下載。

　　然而，沒多久筆者得悉霍教授離開中大。筆者心中充滿懸疑。霍教授毅然離開中大，全心全意去開拓法住，正所謂任重道遠，不確定性甚高。作為一位哲學系的講師，離職後恐怕很難走回頭路。雖說金錢為身外物，有識之士當不願做金錢的奴隸，卻仍須賺取起碼的生活費。先生毅然投身法住，勇氣不同凡響，固然彰彰甚顯；但更值得追問的是：該勇氣緣何而來？

　　原來先生一直深信生命教育，早已下定決心以推動生命

教育為終身事業；原來這就是勇氣的源頭！

　　筆者與法住淵源不算深厚，但承蒙先生信任，亦曾在法住主持過一些公開講座；年前（二零零九年十二月十二日）亦蒙袁尚華博士應允，不但與筆者隸屬的加拿大佛教教育基金香港分部協辦了一個《佛教與快樂人生》講座，亦擔任講座嘉賓。充份體現法住不分你我，一心推動生命教育的精神。講座在佐敦道法住會址講堂舉行，由於場地所限，座位早已訂滿，當天亦真的擠滿了整個講堂，充份展現了法住的號召力。

　　筆者向來十分喜歡唱歌。七十年代在多倫多大學攻讀博士時每週六務必參與中國同學會歌唱組的活動，亦曾小試作曲填詞。內容都是以歌頌生命為主。數年前得悉霍會長填了多首性情歌曲、內容真摯流麗，盡掃人間煩惱，旨趣和筆者所填所作不謀而合，但出自霍會長手筆，當然遠勝筆者初試啼聲之作。筆者大喜。後來在天地之心音樂會有幸親耳恭聽，發覺的確既悅耳又感人，令人耳目一新。原來法住人早於二零零二年前已有歌唱聚會。

　　法住機構三十年來，做盡了筆者發夢想做未做的事情，實在使筆者萬分慚愧。發夢容易，做實事艱難。筆者數十年來寫下有關生命教育的隨筆，命名為《天地間》，可以在筆

者嶺大的網頁下載，卻仍未能付梓，霍教授出版的、有關生命教育、文化、哲學等書目已是汗牛充棟。筆者能不慚愧？

霍韜晦教授為大批法住人樹立了榜樣，默默堅持了三十年，成績有目共睹。這是香港人的福份。筆者期待法住長存，一代接一代為生命教育的傳承，為香港、大中華、乃至全人類的幸福繼續努力！

愛國愛黨與洗腦
（節錄香港電台通識教育平台）

http://www.liberalstudies.tv/blog/ls_blog.php?mode=showThread&id=1775&mother_id=862
（二零一四年一月十三日上午九時四十九分）

國民教育一役，香港輸得很慘。大家關心被洗腦本是好事；大家養成對標籤條件反射的習慣卻絕對是壞事。

條件反射就是一見到標籤就不經思索作出不可理喻的反應。就以國民教育為例，它是不是洗腦要看如何推行。為什麼非撤不可呢？

我在互聯網上寫了一篇文章，解釋我為什麼認為愛國就

要愛我們國家的執政黨。我就即時被一些人辱罵。我解釋：很多港人指愛國不等如愛黨。這說法表面上雖言之成理，但最有效的愛國還是愛黨。關鍵是如何去愛。

其實，現時共產黨管治中國已是客觀的事實。要改變這個事實的機會近乎零，原因是中國在共產黨的管治下整體表現並不遜色於印度、印尼、菲律賓、巴西、南非等民主國家，國內民怨不高。但共產黨管治仍有很多不足之處。大家要關心這些不足之處，要督促黨走一條惠民和合乎公義的道路，這就是愛。

中國的異見人士算不算愛國？我相信當中很多都是愛國的。如果他們的出發點是為了國家好，我就肯定他們愛國。但很多時候出發點為了國家好，不一定就真的會對國家好。有人舉凡黨中央下的決定都視為好的和當然的，而不客觀地去分析它，更不敢批評它，這樣的愛國當然有問題。愛國當然可以提出有異於中央下達的決定的意見。同樣，有人以為結束一黨專政就會為國民帶來幸福，出發點縱然是愛國，卻也可能為國家帶來災難。

大半年前紀念六四晚會的一個口號「愛國愛民、香港精神」，居然也因爭議而被放棄。平情而論，愛國為民，本是

合情合理。身為國際城市的香港人,愛國毋須有排他性。但修齊治平當應有漸次。如果連自己的國家也不愛,怎可以想像會愛其他國?自己社區和國家的人也不愛,又如何談得上去愛其他人?

其實真愛毋須定義,大家憑良知直覺都清楚知道:愛某人即是衷心希望某人生活好過、生命豐盛;愛國即是由衷地希望國家有好的、可持續的發展,太平盛世。但是儘管我們知道愛是什麼,如何才是優質的愛並不簡單。很多父母就是不懂得如何愛,結果也可以是悲劇收場。

很多人又有一個奇怪的問題,他們會問某人是否值得愛、某國是否值得愛。這問題奇怪,在於要求某人符合自己要求的條件才去愛,縱然對擇偶或會合適,對其他愛的對象就真的太奇怪了。愛自己的子女,難道就是因為子女聰明伶俐、學業事業有成嗎?誤入歧途的、讀不成書的、沒有世俗人稱得上成就的,難道就不值得愛?國家如有不足之處,難道就不值得愛?

可見,我說的愛黨是指以建設更好的制度去優化黨的治國能力和提高防範黨員濫權和貪腐的能力。愛黨絕非歌功頌德、一味唱好、或盲目的服從,而是扶正黨的文化和政策。

我要指出:專政不等同專制。專政和憲政應該共存。憲

政就是以法治取代人治。法治意味著司法獨立。領導人不得騎在司法人員之上、不得掌控立法和司法。立法和司法亦得堅守程序公義。專政乃指專心為政,為政者毋須飽受政黨輪替的煩擾、虛耗資源、誤國殃民。我認為由全民監督一個執政集團比多黨輪替更為有效更為理想。為了貫徹大同的理想,我認為全民皆黨最為理想,這意味著所有國民都有同樣的從政的機會。心水清的同學會明白:這與無黨並無分別!

其實共產黨只是一個名稱,經過多年的演化,共產黨的內涵已經不同於往日。毛治時期的「永遠不要忘記階級鬥爭」已成過去。共產黨並不屬於毛也不屬於江、胡或習。沒有人可以家天下。黨只是一個公器,盡力優化它和保護它,使它不再犯錯誤,比起以同樣可以濫權的其他政黨去取代它,是不是對國家對人民更為有利?

如果我們因怕被洗腦而不肯接觸掛上某些標籤的事物,不肯與持不同見解的人交流,我們只會固步自封,無法成長。

通識科要教什麼

http://www.liberalstudies.tv/blog/ls_blog.php?mode=showT
hread&id=2345&mother_id=862

（二零一四年九月二十二日上午九時二十八分）

通識單元：今日香港

關鍵字：教育，中學通識科，壓力，抗爭，道德經，關愛，
謙卑

　　十年樹木，百年樹人，教育真的不簡單。現時，差不多
每所大學都視培育社會棟樑為使命。但是，不少完成了大
學、甚至持有博士學位的人，縱使最後能身居要職，自己也
鬱鬱寡歡，遑論與人安樂。近年教育界多了講全人教育，中
學通識科也已成為必修科。情況卻未見好轉。

　　香港小童群益會去年八至九月期間，透過問卷訪問三百
廿七名十二至十九歲的青少年，發現四成六受訪者表示有精
神困擾，逾五成有抑鬱，四成感到有壓力，當中更有一成達
嚴重程度。此外，再生會在零九至一一年訪問1,120名二十五
歲或以下青年，發現有32.5%受訪者有抑鬱徵狀，較成年人高

出近四倍；而曾有自殺念頭的人更多達一半。

在競爭熾烈的商業社會，競爭力是政府和很多社會賢達經常掛在口邊的詞彙。在日益政治化的社會，抗爭亦好像已成為常態。在終日競爭和抗爭中，年青人很容易感到迷失。縱然沒有感到迷失，競爭和抗爭也絕對是壓力來源。可惜我們的教育，不但沒有教導年青人如何化解這些壓力，還加重了這些壓力。

我認為：通識科最要教的就是如何化解壓力、轉壓力為動力、和如何做一個自信的、有方向的、快樂地生活的人。

十多年前，我有機會接觸到《道德經》。發覺老子的《道德經》是十分難得的處世指南。《道德經》很經典的一段文字如下：「我有三寶，持而保之：一曰慈，二曰儉，三曰不敢為天下先。慈，故能勇；儉，故能廣；不敢為天下先，故能成器長。今舍慈且勇，舍儉且廣，舍後且先，死矣。」

他說：我有三件法寶，經常惦記著，不容有失。其一就是關愛，學會愛人如己；其二是節儉，學會永不浪費；三是謙卑，只想做到自己的最好、而不去想自己是天下第一。因為愛人如己，自己反而不去想太多，於是勇氣就充沛起來。因為學會不去浪費，對人就變得疏爽。因為心存謙卑，所以就能成大器。可惜現今的人多沒有愛心，卻勇於做違背良心

的事情；他們不懂得愛護資源，反而隨便破壞資源；他們不懂得謙卑，反而事事要爭做第一。這樣只會是死路一條。

經常聽到通識科一要教學生多角度思考；二教學生批判性思維。有時我又聽到人說某人立場搖擺，十分卑鄙。對於這樣論述，我心存恐懼。

我一是恐懼同學們習慣了空泛地列出所謂不同角度的觀點，自己卻無法認真地思考，逐步建立自己的見地。一是恐懼同學們欠缺謙卑，經常咄咄逼人地批判人家，養成了自以為是的習慣，便無法掌握縝密思考的竅門。我也恐懼同學們太早就以為自己已掌握真理，無法從錯誤理解釋放出來，一錯到底地擇誤固執。

我認為老師有清晰的立場是很自然的事。同學有清晰的立場也是很好的，關鍵是要經常心存謙卑，勇於查找自己的缺失。這樣人才會成長，才會進步。關鍵是要對自己忠實。做到表裡如一，做人才會快樂。其實改變想法，只要是實事求是，不但不是卑鄙，更可說是大勇。

我十分認同老子的三寶。原來逐步放下縈繞心中的自我觀念，多點從大處去思考生命，不但可以減壓，更可活出更充實更精彩的人生。

文明優質的民主

（二零一三年十月二十三日）

何濼生

　　法住學會的霍韜晦教授喜歡談「優質民主」，言外之意就是民主可以是劣質的。但是難道公平公開去選出一個社區或政體的領袖都不算民主嗎？難道公平公開的選舉都可以不算優質的嗎？

　　要解答這個問題，首先要問民主的作用為何。相信很多人會同意民主是良好管治之本，是賴以促進人民的福祉之本。民主的作用應是抗衡極權、抗衡濫權。二零一一年胡錦濤曾說：全黨同志必須堅持全心全意為人民服務，做到權為民所用、情為民所繫、利為民所謀。胡總書記當年講的應就是民主的真諦。權為民所用即是不會以權謀私，濫用權力。情為民所繫、利為民所謀即是掌權者心繫人民，為人民謀幸福。共產黨人如果都這麼以民為本，為什麼還有那麼多香港人會恐共、罵共？

　　有人指共產黨一黨獨大，從來沒有政黨輪替，因此不可能是民主。美國著名的博雅學院Carleton College的榮休校長

Stephen R. Lewis, Jr. 教授曾長期為非洲的Botswana當顧問。他指出Botswana自一九九六年起由Botswana Democratic Party執政,四十多年來長期一黨獨大,政權從來未受過任何威脅。BDP長期視其他黨為友好,只要有好的政策建議,哪個黨提出的都會視同己出,採納如儀。今天國會57個議席中BDP佔45席。Botswana實行三權分治,政治清明。在最新的二零一三年全非洲管治排名第二。排名首位的是毛里求斯,同樣實行三權分治,但與Botswana表面上剛好相反,沒有一個黨能取得國會多數議席,但跟Botswana一樣,視其他黨為友好並與他們結盟組織聯合政府。

從Botswana 的經驗看,一黨獨大,從來沒有政黨輪替並不代表就是獨裁專制。一黨獨大,沒有政黨輪替,也可以落實三權分治和新聞自由。我盼望中國領導人明白三權分治和新聞自由對防止濫權的重要性,重建國民對黨的信任。

「優質民主」必須先有接受民主精神的文化。否則縱然有選舉,選舉卻可能被操控;縱然選出領袖,敗者卻不服輸;縱然有競爭,競爭卻不公平;縱然高舉民主自由的旗幟,自己卻連讓人家說話的胸襟也欠奉;縱然高喊平等正義,自己卻處處歧視新移民和大陸人。種種當今民主的病態,皆因擁抱民主的文化不足、 防範濫權的基礎不穩,這就

吸引大批謀私利的政客參政,他們背後都有龐大的利益集團撐腰;反而一心一意為民請命的有心人無法與他們爭鋒。近年全球民調顯示,世人眼中政黨竟是全球最腐敗的組織。

香港當然需要公平公開公正的選舉,但其實更需要的是文明地擁抱民主的文化。

培育「BRIGHT」學生與博雅教育

撰文:何濼生教授

(原載2013-2014嶺南大學年報)

對我而言,博雅教育是最卓越的教育。我不能想像真正意義的教育不是博雅教育。

在大眾眼中,教育經常等同於技能發展。但技能發展不能觸及人的靈魂。一個人在不同方面的技能可以非常圓熟,但這並不能使他的生命完整。教育家提出全人發展,實有所因:全人發展讓人變得完全成熟,能找到生而為人的快樂和滿足。

我一直認為,教育主要是為了接受教育的人而設。劣質的教育不能把人的抱負提升到較高層次,令他成為更好的

人。教育需要喚醒一個人對內在平安與公益的渴望。一個受到良好教育的人，必然是一個心境平安且富有同情心的人，不會害怕挑戰與逆境。一個有教養的人，除了能幹，更是一個快樂的人。

但如今，有很多受過高等教育的人生活苦不堪言，部分甚至犯下嚴重罪行，為他人帶來痛苦。這正顯示他們沒有得到優質的教育。但這些可怕的事件發生，卻不一定是他們母校的錯誤。教育是雙向的。受教者必須領受，才能從教育中得益。

因此，教育從來都是一項要求老師和學生雙方都必須投入的共同成果。劣質的教育可以是教師的過失，卻非必然如此。良好的教育要求強烈的學習動機和良好的引導。優秀的老師提供良好的引導，也是激勵學生的專家。但學習動機是雙向的過程；如果學生拒絕履行自己的責任，激勵的專家也可能失敗。

多年來，我有幸遇過好幾位積極學習的學生。我不能說很多。當中有一個令我印象深刻，他會來我的辦公室，隨時花上一至兩小時談論政治或哲學。他不是來自國際學校，卻能講出接近道地的英語。他是利用今天所有學生都能輕易接觸的摩登科技產品，苦心孤詣地把自己的英語會話提升到高

水平。

多年來反思教育的根本意義和目的，令我醒悟到博雅教育的要旨在於改變人的態度，遠多於教授特定的專業或科目。我一直堅持，博雅教育基本的要旨在於培養開放的思想和自由的精神。開放的思想指對新想法抱持開放的態度，包括挑戰一己信念和判斷的想法。自由的精神指一種堅定的信念，準備好把自己從偏見以及其他人性的弱點中解放出來，而當中的指導原則乃在於永遠追求真理和忠實於自己的生活。

嶺大前校長陳坤耀教授是博雅教育的熱心推動者。他曾說適應力（adaptability）、腦力（brainpower）和創意（creativity）是博雅教育的「ABC」；我同意。老子有云：「上善若水。」水的特性之一就是適應力，而適應力必然包含一種素質，願意前往必需前往之處完成使命。「水善利萬物而不爭，處眾人之所惡，故幾於道。」學生亦必須勤勉工作去發展他們的腦力，從而釋放存在於每個人內心的創意思維。

博雅教育在這個基礎上開展，但必須超越它。除了「ABC」，還有「BRIGHT」：「B」是果敢（Bold）、「R」是責任感和韌性（Responsible and Resilient）、「I」

216

是對追求真理的熱盼（Inquisitive）、「G」是環球視野（Globalist）、「H」是以人為本和謙虛（Humanist and Humble）、「T」則是指寬容（Tolerant）。具備了ABC和BRIGHT，就具備了足夠的條件去面對我們複雜的世界，迎接各種挑戰，努力不懈，並會真誠貫徹「作育英才・服務社會」的校訓。

為了應對這個世界的挑戰，經濟學提出了一個很實用的理念，即「在局限下爭取利益極大化」。任何時候，我們都要衡量必須接受的真正限制，在此前提下用盡一切槓桿之力去追尋夢想。這些限制可以包括物理定律、客觀存在有關心理和人類行為的法則；資源的限制、法律的框架、文化對群體的制約等等。如果限制是真實的，當它不存在就是愚蠢的。當然，一時間客觀存在的限制也有可能被克服。例如萬有引力定律是我們需要接受的事實，但這不表示我們永遠不能飛行。今天，飛行已是尋常的交通方法，但飛機仍必須遵循空氣動力學的規律才可以飛上空中。因此，當我們得到更多知識，我們需要面對的限制同樣會改變。

今天，經濟學對公共政策研究貢獻極大。從教育到醫療，從收入不均到犯罪，從社會安全網到房屋，經濟學都對政策及政策分析造成重大影響。這就是為何經濟學必然是一

所真正的博雅大學的學生特別感興趣的科目。Alan Blinder 的著作《腦冷心熱：為公正社會而設的實際經濟學》充分反映了這種精神：關心社會的人必須運用腦力，冷靜分析，設法解決世上的問題及紓緩世上的痛苦。但且慢！Blinder在其書中第一章中就提醒讀者，不要忘記「梅菲定律」，以免失望。經濟學家在他們有共識和認識最多的領域，影響力是最小的；但在他們意見分歧並認識最少的領域，其影響力卻最大。Blinder 認為這是因為制訂政策的是政客而不是經濟學家，而政客傾向只接收被認為是政治正確的意見。在民主社會中，這是經濟學家需要接受的現實和限制。但正因如此，為了使民主良好運作，具冷靜分析力的各人有必要鏗鏘有力和清楚地告訴政客怎麼樣的政策真正對社會帶來好處。我希望嶺大的經濟學和公共政策課程，能發揮嶺大對博雅教育的精神，為創造出這樣一群有識見的民眾盡一分力。

退休方案宜每代人自給自足

（原載《明報》，二零一五年十一月六日）

　　社會對全民退休保障的訴求十分強烈。但政府明確表示不會支持不論貧富、全民共享的全民退休保障。政府擔心的是財政擔子可能太重。邏輯上，富人既然自己有能力處理退休生活的問題，又何需納入計劃，徒增政府負擔？然而，如果要設入息和資產審查，必定會浪費資源；劃一條線判定誰有資格亦勢會鼓勵市民把資產花掉，或減少儲蓄，以便取得領取退休金的資格。這樣的行為扭曲明顯會損害經濟效益，並不足取。有關的「道德危機」(Moral Hazard) 其實大家都已見過。為了符合申請公屋的資格，很多人就選擇不升職不加薪，更高收入的工作要待「上了樓」後再作打算。

　　回歸前很多經濟學者聯署反對全民退休保障，筆者雖不在其中，但明白他們對「隨收隨支」(pay as you go)、以稅收支付退休金支出作為營運模式有保留。他們有感於人口結構變化所帶來的不確定性，恐怕撫養比率(dependency ratio) 可能會上升至計劃無法持續。八十年代筆者曾倡議三方供款的全民退休保障，但最後經反覆思量，改而倡議「每代人自給自

足」方案。惟方案不獲「支持全民退休保障聯席」的認同，筆者深感遺憾。

非不論貧富都補助

其實，「每代人自給自足」可全面解決撫養比率可能增加的問題。由於每代人（即同年出生的人）各有自己的基金，基本上是自己供養自己，人口結構有任何變化，每代人自己想辦法應對。在「每代人自給自足」方案下，成員劃一供款劃一支款，只要在生，就可在指定歲數開始領取退休金。

在筆者的構想下，政府會補貼低收入人士的供款；補貼額按收入遞減；沒有任何收入的人，政府可以全額代供；收入高於某水平補貼額降至零。因此，不是全民不論貧富均獲補助。

遞減式補助　減道德風險

可見，筆者倡議的是在供款期補助窮人。在供款期補助窮人有多個好處。最主要的當然是未雨綢繆的精神。政府不

待老人紛紛 退休才去問補助金的錢從何來。在供款期補助窮人，並採遞減式補助，亦可大大減低道德風險。採全民包括在內的模式的一個重大好處，是可免去對老而窮的人要求申請才發退休金的程序。大家想像一下，又老又窮的如又有腦退化，是不是很有可能不懂得申請？

香港的醫療改革應如何走下去

筆者研究醫療改革多年，對於翻來覆去的醫療改革諮詢卻始終毫無寸進，實在感到非常無奈。討論醫療改革的人其實都明白牽涉的問題。大家都明白醫療服務面對訊息不完全；病人須倚靠醫生評估和告知病情；私家醫生有動機提供不需要的服務；保險公司要面對病人和醫生雙方都可能出現的道德危機(moral hazard)；病人擔心在最有需要時被取消受保等問題。由於香港面對人口急速老化，市民對醫療服務要求提高，醫療科技日新月異且費用高昂，按過去主要倚靠稅收去支付公共醫療成本，政府實在難以應付。

2008年政府發表的醫療改革諮詢文件提出了六個「輔助融資方案」。包括社會醫療保障、用者自付費用、醫療儲蓄戶口、自願私人醫療保險、強制私人醫療保險，和個人健康保

險儲備等。這些方案大概包括了所有可行的辦法。但是，為什麼諮詢文件把這六個方案視為互相排斥的呢？為什麼六個方案不可並行？

記得當時政府明顯有傾向性。美其名為諮詢，其實是推銷所謂個人健康保險儲備。

對「社會醫療保障」，諮詢文件的評價指「醫療資金來源頗為穩定，原因是社會醫療保障供款指定用於醫療方面。不過，因為人口老化導致工作人口減少，這個方案長遠來說未必可以維持。此外，在經濟不景時，供款人的供款能力會下降，這個方案的穩定性和持續性頓成疑問。」

對「用者自付費用」，諮詢文件批評為「並非具持續性的資金來源，因為這個方案很大程度上視乎個人的負擔能力，而且有需要為那些無能力承擔費用的人士提供安全網，這樣可能會抵銷費用收益所帶來的資金。」

對「醫療儲蓄戶口」，諮詢文件又指「由於資金是否注入醫療系統乃屬個人選擇，資金來源並不穩定且難以預測。此外，亦會有一批戶口持有人因沒有足夠的醫療存款而可能須倚賴公營資助醫療服務。」

對「自願私人醫療保險」，諮詢文件稱：「並非穩定及具持續性的資金來源，因為是否投保自願性質的保險仍須

視乎個人選擇及負擔能力。這項融資方案應該不會成為主要的資金來源，而且保費波動程度很大，可能會隨時日逐漸增加。」

對「強制醫療保險」，諮詢文件稱會提供「頗為穩定的資金來源，但如要持續推行這個方案，日後必須增加保費。」

對「個人康保儲備」，諮詢文件大加讚賞：「通過個人存款，提供一筆具持續性的潛在資金來源，另一方面通過強制保險，確保有穩定資金注入醫療系統。雖然保費會隨時日逐漸增加，但會有較多人因為有存款而可以負擔。」

然而，社會對新增強制供款並不支持。原因很簡單。香港人每月就業收入中位數中位數僅為$15000。新增強制供款即時為大部分的港人添加壓力，好處卻要待日後印證。大家對新增強制供款能否提升公共醫療服務的質素沒有信心。於是特區政府就設想，如能誘使更多人自願購買醫保，或能減低公營醫療系統的壓力。但這方向乃屬完全錯誤。

真正富有的人士，又或身居高薪厚職的人士，或根本不需要購買醫保，或已獲僱主提供豪華型醫保。對於他們，特區政府提出的自願醫保毫無影響。但如要誘使一般中產階級自願購買醫保，先決條件是公共醫療服務水平不能使人心

安。試想：如果公共醫療服務水平不錯，既可靠又價廉物美，而自願醫保所提供的服務卻僅屬基本保障，又有誰會花錢再買自願醫保呢？

因此，自願醫保不是沒有成功的機會。只是它的成功將要建築在公共醫療的敗壞。私營醫院要大吸公營醫院的醫護人才，把公營醫院打垮，自願醫保才有生存的空間。若非如此，除非政府長期補貼，否則長遠而言，自願醫保將難以經營下去。

問題是：如果政府要貼錢給人去買醫保，何不把公帑直接投放在公共醫療系統？筆者今年完成的一個研究項目，推算出香港公共醫療支出起碼要提升20%。

當然，光靠稅款去支付龐大的公共醫療支出不能持續。但投放多一點公帑應對人口老化和其他推動醫療開支上升的因素，十分合理。

由於光靠稅款去支付龐大的公共醫療支出不能持續下去，六個「輔助融資方案」之一的「用者自付費用」實有必要。行「用者自付」不一定就要求用者全數負擔自己的醫療成本。但只要病人負擔得起，為什麼不收回起碼的較合理的費用？如今我們向有能力多付一點的病人只收象徵性的費用；卻向沒有能力支付龐大醫療費用的病人收回成本。這是非常

令人費解的做法。

因此,筆者多年以來的一個建議是「加價封頂」。「加價」指較大幅提高公共醫療收費;「封頂」指為每人全年合資格的基本醫療服務繳費設上限。超過上限的支出,由政府包底。設了全年繳費上限,市民便有了個底,不用擔心負不起難以估計的醫療費用。

對於封頂額以上的醫療費用,由政府包底的建議正是2008年諮詢文件所提及的「社會醫療保障」。

在「加價封頂」以外,筆者不反對成立「醫療儲蓄戶口」,並要求在職人士按月供款入個人名下的「醫療儲蓄戶口」。醫療儲蓄戶口的存款可用以支付加價後的醫療收費。供款率高低可議。由於供款存於個人名下,筆者估計只要不是太高,反對聲音應不會太大。

對於符合額外幫助資格的人士,封頂額和收費都可酌量下調。

作為自由派經濟學者,筆者自然也不會反對「自願私人醫療保險」。

此外,有鑑於近年醫療科技日新月異,而政府一般而言負擔不了這些前沿醫學的成本,筆者設計了一個分擔成本的方案。方案下,每位市民一生中有一個醫療備用基金。為方

便討論，基金假設為50萬。市民一生中隨時都可支取以應付實際的醫療支出，條件是必須自淘腰包，支付一半的費用。如總費用是80萬，自己付40萬；由基金亦支取40萬。基金每支付一萬，餘款就會減少一萬。設計下，市民應不會濫用基金中的公帑，又多了一個保障。

歌集

Notes: (italics one octave up; brackets one octave down)

註: 斜體高八度, 括弧低八度。

(1) 夜涼如水

（曲、詞：何濼生）

| 5· 6 5 | 3 - - | 5· 6 5 | 2 - - | 5· 6 5 | 7 - - |

夜涼 如水　銀光瀉地　明 月 當 空

The night is cool. Silvery night.　The moon hangs high.

| 1 5 3 | 4 - - | 4 4 5 | 7 - - | 1 5 4 | 2 - - |

獨 自 憑 欄　悠 然 自 得　身 心 舒 暢

Alone am I,　How fresh and free! Body and soul,

| (5) (7) 1 | 2 - - | (7) 3· 2 | 1 - - |

六 根 清 靜　人 生 幾 何

Clear of worries,　Wonderful　Life!

| 5· 6 5 | 3 - - | 5· 6 5 | 2 - - | 5· 6 5 | 7 - - |

夜 涼如水　銀光瀉地　明 月 當 空

The night is cool. Silvery night.　The moon hangs high.

| 5 - 3 | 5 - 2 | 5 7 6 | 5 4 2 | 2 3 4 | 7 4 2 |

我 要回 到 大 自 然 我 母 親　大 自 然 我 母 親

How I wish to.. Go back to my mother, Go back to my mother,

| 5 3· 2 | 1 - - |

的 懷 抱

Mother Nature!

（2） 努力幹

（詞：何濼生）

努	努	努力幹		自闖 光明路
Row	Row	Row your boat		Gently down the stream
Do	Do	Do	your best	Make your dream come true

堅定地	堅定地	堅定地	堅定地	永遠不放棄
Merrily	Merrily	Merrily	Merrily	Life is but a dream.
Persevere	Persevere	Persevere	Persevere	Never call it quits.

（3） 看歲月留下什麼？

（曲、詞：何濼生）

italics: one octave up; brackets: one octave down

‖ *1* - - | 7 6 5 | 3 - - | 1 2 - | - - 0 |
時　　光　如 流 水，長　去 。

| 6 - - | 7 6 5 | 3 - - | 1 4 - | - - 0 |
歲　　月不留 人，奔 逝 。

| 2 - - | 2 (6) (7) | 1 <u>3</u> 3 · | 1 (5) - | - - 0 |
看　歲 月 留　下 什 麼 ....可 貴 。

| <u>4 3</u> <u>2 1</u> (7) | - - 0 | <u>1 3</u> <u>1</u>(5) (5) | - - 0 |
往日 的眼 淚　　　不留痕跡 ，

| <u>3 2</u> <u>3 4</u> - | (7) 1 - | - - 0|
嬉笑 亦復　 如是 。

230

| 1 (7)　1(5) - |- -0 | 1 (7)　1(6) -|- - 0 |
春夏　秋冬　、一 年 四　季　，

| (6 7) 1 (5) - |- -0 | 4 3　2 6　- | - -0 |
周而復始　，　　我 心 自 問　，

| 6 7　13　- | 12 -- | - - 0 | 5 3 2 4 - | 3 2 - | - - 0 |
成長多少　智慧，　　可作生活 明燈。

| 22　34　5|6　7· - | 5 3 - | - -0 |
看歲月留 下什 麼 .... 可貴 、

| 6 7　17 - | 5 1 - | - - - |
生活體驗 、智慧!

| 3 2　1#2 - | 2 4　2 1　(7) · 3 | - 0 7 | 6 - 5# |- - 0 |
生命 可 貴　世間 最大 悲劇　　莫　過...於..

| 2　1　71　1 |- - 0 | (5　5　5) | 3 - - | 2 4 - | (7) 1 - | - - 0 :‖
糟 蹋 生命　　我 們 怎 能.. 重蹈　覆 轍。

(4) 生命頌 (調寄巴赫 Ave Maria)

(詞：何濼生)

|3 - - - |4 - -　4 |5 - - 2　|3 - - 0|
生　命　無　窮..潛　能

|6 - 6 (6) 7 1 | 2 - .³2 - 　|
靜..　待我們去..發掘 —

|5 -· (5 6 7) | 1 - ·　²1 - |
靜..　待我們 去..　認識

|1 -　11 2 3 　|4# ·　3　2　6 | 7 - -　2|
你..　蘊藏著 無..　盡 的 寶　藏　你

| 3 -　3 4 5 　|6　- (6) 0 |
..　　蘊藏著 慈　悲

| 2 -　2 3 4 　|5　- (5) 0 |
你..　蘊藏著　智　慧

|1 - 0 1 2 3 　|4 - ·　4 5 6 　　|7 ·　6　5　2　|3 - - -³|
你.. 就是一 切..　一切的　　力　量 的來　源　超

|5 - 3· 0　³|6 - (6) 0 　　6|
越..時 ,　超 越..空　無

|6 - 1 0　6| 1 - (3ᵇ) 0　1|
限..制 ,　無 窮..盡　無

|1 - 2 0　²|2 - -　1 7| 5·　3　1 0|
止..境　在變　幻中　顯　光　華

|4 - 4 3 2 2　| 2 · 7　5 - |
在.. 黑暗中　放　異　彩

|6·　6 7　1|3 - 0 1 5 3 |2 -　6 7 6|
你. 孕育了 真　善美的 人　孕育了

|6　5　4　2　(7) (5) (4) (2)　|(1) - - 0|
天 下 間 一 切 美 好 事　物

（5）EQ三力 (調寄友誼萬歲)

（詞：何濼生）

| --(5)　|1· 1　1　　3 |2· 1 2　3 |1·　　1　3　5 | 6 - -　6|

　　E　Q　三　力* 必須　銘記　親情　更　要　珍　惜 ；　自

| 5· 3　3　1 | 2·　1　2　3 2　|1·　(6) (6) (5) | 1 - -　6|

利　利　他　憑 自　制　力 平衡　力　　以　及　定　力。　今

| 5· 3　3　1 | 2· 1　2　6|　5· 3　3　5 | 6 -　- 1|

天　辛　勞　奮 力　向　前　明　天　自　得　成　果 ；　康

| 5·　3　3　1 |　2· 1 2　3 2 | 1 ·　(6) (6) (5) |1 - - -||

莊　大　道 你　我　共闖 彼　此　守 望　相　助

*註　EQ = emotional quotient；按本人理解包括

　　自制力，　克衝動任性；

　　平衡力，　克失衡顛倒；

　　定力　，　克散亂無目標。

（6）天地為家

（曲、詞：何濼生）

| 3　4　5　6　| 5 -- 0 | 3 2 1 (6)　| (7).- -.0 |

廣　濶　的　天　　　地　　　就是我的　　家

| (6) (5)(7)　2 | 4 - - 0 | 5　4　2　3　| 2　1 -　- | *Fin*

自　由　自　　　在　　　就　是　我　的　　理　想

| (5) 1 3　　5　| 3 - - 0 | 2 1　(6)　1 |　⁽⁶⁾ (5)- -. 0. |

Every where I　　go,　　I make it　my　home;

| (5) 1 3 5　| 3 - - 0 | 2 1　(6)　1　| 1 - <u>(6) 1</u> 2 -　| *DC*

To be a free man,　I make it　my　　　dream

234

（7）「生命之歌」

（曲、詞：何濼生）

| 1 5 - | 4 3 - | 1 5 - |

我們　快樂　高歌

| 2 3 4 | 7 - 6 | 5 05 |

歌唱生命　之　歌　不

| 3 - 2 | 4 - 3 | 6 - 0 |

畏　暴　雨　狂　風

| 7 6 5 | 2 - 3 | 1 - 0 |

只知苦　盡　甘　來

| 2 3 2 | 4 - 3 | 4 - 0 |

生命是　一　幅畫

| 2 3 2 | 1 - 5 | (5) - 0 |

又是永恒　之　歌

| (5)(7) 2 | 4 - 3 | 1 – 1 |

本　身　就　是　光明　我

| 5 - 4 | 3 – 1 | 5 - 0 |

們　快樂　高　歌

| 2 3 4 | 5 – 4# | 5 - 0 |

磨練才會　堅　強

| 5 3 2 | 4 - 3 | 4 - |

我們快樂　高　歌

| 4 3 2 | (6) –(7) | 1 - - |

歌唱生　命　之　歌

(8) Down de Road 要趕路

（中文詞：何灤生）

```
|3  -  5|   5 - -|3  -  2|   1 - -|
```
Down de   road, Down de road,
要　　趕　路，　心　似　　箭，

```
|2   - 3 | 5 – 3 | 2 - -   |
```
On   my way to home,
人　在　歸　家　途。

```
|3  -  5|    5 - -|3  -  2|   1 - -|
```
Tired and   blue, Weary   too,
身　已　　累，心　亦　疲，

```
|2   -  3|   2 – 1 | 1 - -|
```
Ne　ver more to   roam…
不　須　再　浪　蕩。

```
|6 –   1  |  1 -- |7 -  5|   6 - -|
```
Friends of   old, Hearts of   gold,
老　朋　　友，知　心　　友，

```
|6 –   1|7 - 5 |6 - -|6 –   1  | 1 --  | 7 -  5 |6 - -|6 –   1|7 -  5   |6 - -|
```
Fill my memory.   No more fears, Happy years, Waiting there for me
總 在 腦 海 浮！平 安 歲；快　樂　年，我　多麼　期　許！

```
|3  -  5|   5 - -|3  -   2|   1 - -|2   - 3 | 5 –   3 | 2 - -   |
```
Down de   road,   Down de   road, Gentle   voices   call.
要　　趕　路，　心　似　　箭，親　　人 在　　呼　喚。

```
|3  -  5|   5 - -| 1 -  2| 3 - -|
```
And I   guess: Happiness
我　心　中，　幸　福　夢，

```
|2   - 1 |2 –    6  |1 - -|
```
Calls me down de   road.
伴　我　歸　家　途。

（9） 悲壯繽紛的人生
（調寄Londonderry Air）

詞：何濼生

```
              D                    G                   D
||0  7  1  2 |3 - - 2| 3  6  5  3| 2  1  (6) -|-1  3  4| 5 - - 6|
  我 從 來 就  喜 歡-- 自 言 自   語： 問 我 是 誰，  堪
```

```
        E7      A   A7              D
|5  3    1  3 | 2 - - -|0  7  1  2| 3 - - 2|
 免 世 間 苦 痛？     問 我 是 否  敢
```

```
       D7   G                Gm    D  A7       D  G
|3  6  5  3| 2  1  (6)  (5#)|(6) (7)1  2 |3 - -4 |3  2  1  2|1 - -  -|
 面 對 人 生 崎   嶇； 敢 面 對 人 生 苦 惱 仍 能 無   憾。
```

```
       A7    D        G         D   Bm
|0  5  6  7|1 - - 7|7  6  5  6| 5  3  1  -|
 我 從 來 想   细 味 人 生 苦 辣 酸 甜；
```

```
       A7    D          G     D   E7
|0  5  6  7| 1 - - 7 |7  6  5  3| 2 - - -|
 我 從 來 想   歡 樂 與 人 共 享。
```

```
       D    D7  G          D   Bm
|0  5  5  5|3 - - 2|2  1  6  1|5  3  1  -|
 盡 情 歌 唱：  人 生 色 彩 --繽   紛；
```

```
       Gm   D          E7   A7       D
|0  7  1  2| 3  6  5   3| 2  1  6  7 |1 - - - -|-||
 盡 情 歌 唱 人 生 的 悲 壯 奮-- 鬥。
```

(10) 問蒼天

Air
(For the G-String)

J. S. BACH

是　　一個失去理性的 世界。哀 億萬人 無奈受苦難， 哀人類 迷失忘本

性。問蒼 天 人 類 哪天才能 守得雲 開見 月 明。　　問 人類怎麼能　衝

破 樊　籬　重新認識　生命本源 本來 就　無需分別你 和 我。

自 由自在　心中充滿喜悅人.間便是樂土。我.多期盼.多渴望.多期待大 地長享太 平 無需

再　　聽炮火隆隆 再 見餓殍　遍地，妻離子散。生命 重見 光明

（11）幸福夢哪裏尋

旋律由Eric Wong改編自自孟德爾頌小提琴協奏曲E小調第二樂章

曲：孟德爾遜　　詞：何濼生

Andante ♩. = 40

幸　福　夢　哪　裏　尋？　　歷　盡　滄　桑　的　人　啊！
xíng　fú　mèng　nǎ　lǐ　xún　　lì　jìn　cāng　sāng　de　rén　ā

戰　火　連　年，　又　見　戰　火　連　天；又　見　難　民　到　處　顛　沛　流　離。問
zhàn　huǒ　lián　nián　yòu　jiàn　zhàn　huǒ　lián　tiān　yòu　jiàn　nán　mín　dào　chù　diān　pèi　liú　lí　wèn

幸　福　夢　那　裏　尋？　　歷　盡　滄　桑　的　人　啊！　傷　口　初　癒，　卻　又
xíng　fú　mèng　nà　lǐ　xún　　lì　jìn　cāng　sāng　de　rén　ā　shāng　kǒu　chū　yù　què　yòu

一　再　遭　逢　新　的　創　傷。　　生　命　一　再　備　受　考　　驗！
yī　zài　zāo　féng　xīn　de　chuàng　shāng　　shēng　mìng　yī　zài　bèi　shòu　kǎo　　yàn

生　命　又　真　可　　敬！　從　來　不　會　失　去　動　力，只　見　不　屈　不
shēng　mìng　yòu　zhēn　kě　　jìng　cóng　lái　bù　huì　shī　qù　dòng　lì　zhī　jiàn　bù　qū　bù

撓。　的　確　神　　奇！　不　管　那　破　壞　魔　羅　怎　樣　測　試　他　的　真　　誠。
náo　de　què　shén　　qí　bù　guǎn　nà　pò　huài　mó　luó　zěn　yàng　cè　shì　tā　de　zhēn　　chéng

平安是福，　記著　平安是福。　記著　平安在　心　中，　　　永　遠
píng ān shì fú　jì zhe píng ān shì fú　jì zhe píng ān zài xīn zhōng　　　yǒng yuǎn

在心中不　　　動。平　安永　遠在心　中，　永遠　在心　中不
zài xīn zhōng bù　　dòng píng　ān yǒng yuǎn zài xīn　zhōng　yǒng yuǎn zài xīn zhōng bù

動。　生命　啊！　生命，　你的光　輝　照　亮　我　心，　照亮在
dòng shēngmìng　ā　shēngmìng　　nǐ de guāng huī　zhào liàng　wǒ　xīn　zhàdiàng zài

心。　我心中喜悅，　但願世界和平，智慧照耀世人　　　心。
xīn　wǒ xīn zhōng xǐ yuè　dàn yuàn shì jiè hé píng　zhì huì zhào yào shì rén　　　xīn

10

後記

後記

　　我自小在基督教和天主教學校念書，深受基督精神熏陶，至今仍會唱頌小學早禱時唱的聖詩，其中尤其喜歡《小小許多水滴》。該聖詩以小小許多水滴積聚成大海、小小許多沙粒積聚成大地為喻，叫我們不要輕視「小小和愛事情、小小溫柔話」，因為「能使世間改變，變成天父家。」同樣，小小惡行、小小惡語，亦能使世間變成地獄。但是人性剛強，難調難服。作為凡夫，有感經常身不由己，沒有真正的自由，我在加拿大的一封家書於是提出自由自在就是我的理想，以之自勉並冀與家人共勉。以下一篇在明覺雜誌的撰文，可以作為本集的壓卷語。

心靈導師的傷痛

原載《明覺》2006年11月22日第21期

http://www.buddhistdoor.com/2009MingPo/MingPo/issue021.html

　　歷史上，心靈導師總是與「宗教」分不開。然而，對真正的心靈導師而言，這是使人深感遺憾的事情。《地藏經》指「南閻浮提眾生，其性剛強，難調難服。」就是說世人縱使口邊掛著要破除「我執」、「法執」，心裏卻總是執這執那，無法真的獲得解脫。釋迦牟尼佛在世時，經常提醒弟子要「依法不依人」，就是要提醒我們，不要執著於宗教或導師的名相，而要老老實實驗證自己的修行，到底是逐步真的解脫了自己，還是始終糾纏不清、原地踏步。

　　《羯臘摩經》更明言：「勿因耳聞而輕信，道聽塗說本無稽；不以傳統而妄信，歷代傳說多謬奇；眾人謠言不可靠，毫釐之差失千里；迷信教條未見妥，經典所載非無疑；師長訓示固可貴，儜信權威非所宜。」因此，即使在靈性修行，務實的態度還是十分重要的：「凡事合理方可信，且須益己復益人；必俟體察分析後，始能虔信並奉行。」

心靈導師的苦心和愛心

　　心靈導師Krishnamurti在1929年毅然宣布解散其一手創辦的東方星會（Order of the Star in the East），並把位於荷蘭的五千英畝地皮和古堡退還其捐出者。他鄭重地告誡他的追隨者：「我是自由的、無條件束縛的……我希望認識我的人也要和我一樣的自由，不要只在形式上跟著我；不要把我造成一座廟宇，而創立一個宗教或宗派，再把自己關到裏面去。」

　　從世俗人的眼光，Krishnamurti這做法簡直難以理喻。當時Krishnamurti的追隨者全球達數萬人。而且每年夏天世界各地的追隨者都紛紛來到那偌大的古堡聚會。Krishnamurti不但不「乘勝追擊」，拓展新的「地盤」，享受崇高的教主地位和追隨者的奉獻，而是反而把多年艱苦經營得來的碩果一下子拋棄。從這件事我們看到一位真正自由的人灑脫的一面，也看到他對弟子的苦心和愛心。

　　很多人都曾讀《心經》。其實《心經》的要旨就在教人認識一切皆「空」。即一切事物，不論是物質的（色），還是精神的（受想行識），都不過是因緣和合所造成的現象或概念而已，沒必要也不應該執以為實在永恆。《金剛經》中

啟動六祖慧能求佛道的一句，就是「應無所住而生其心」，同樣也是告誡我們切勿固執於名相和印象。當然，不固執於名相印象談何容易！《金剛經》明確指出：「離一切諸相，即名諸佛」。一個真的能夠做到徹底不再囿於名相印象的人，一個能夠以平等心直觀任何事物的人，已是圓滿大覺的成就者！

一念之間

可是不少宗教人士偏就往往自囿於名相。我是佛教徒，你是基督徒，他是回教徒，某甲是猶太教徒，某乙是印度教徒，等等。殊不知號稱佛教徒的人中，即如號稱任何其他宗教教徒一樣，當中可以有正信者也可以有邪信者。所謂正信者就是一心向真善美進發、誠心誠意尋求由貪瞋癡等人性弱點解脫出來的人；邪信者則反是。

其實，覺與迷不過是一念之間。所以有「一念三千」的說法。即是說：一念可以使你達至佛的境界，一念也可以使你墮落至餓鬼、畜生的境界。在我們的生命裏，沒有一樣東西比由心魔自我解脫出來更為重要。哪管你是貧是富、社會地位是高是低、宗教是佛是耶，一個歪念可以使你、甚至使

你的家人墮入痛苦深淵，一念也可以使你由黑暗解放出來，讓你步向光明。

《四十二章經》載有弟子問佛何者為「善」、何者為「大」。佛的答案十分直接也十分清楚：「行道守真者善；志與道合者大。」

真正的教化

佛在臨終的時候，再三提醒弟子要以戒為師，以他的教導為師，以自己的良知為師（自皈依）。佛家常言：如人飲水，冷暖自知。只要自己不時忠實地反思：自己心中有沒有種種成見偏見呢？自己內心有沒有自大或自以為是呢？自己是否仍受貪瞋癡等困擾、是否一心要提升自己的靈性修養？一個人如能這樣不斷鞭策自己力求進步，進步應是毫無疑問的。

靈性修行不是空談而是躬行實踐。佛教強調「煩惱即菩提」，遇上煩惱的事情不妨視之為測試自己和鍛煉自己的良機，是以《六祖壇經》指「離世覓菩提恰似覓兔角」。

筆者相信不同的文化背景下，靈性導師的教化免不了會用上不同的詞彙、並以不同的人物為背景，再賦以若干神秘

的宗教色彩。但是真正的教化無非是使人解脫、使人自由、使人內心平安平和。然而心靈導師不可能代眾生修為。眾生若然不覺醒，老是要渾渾噩噩互相殘殺互相猜疑，妄分彼此，則他們一生乃至來世仍只會繼續為業障所牽動。即使最好的心靈導師也將無能為力！

觀乎中東目前的戰禍，連年戰火發生在西方宗教發揚之地，而且回教查實亦奉摩西、亞伯拉罕等猶太教的先知為先知。兩個最熱中宗教的民族（阿拉伯人與猶太人）竟互不相讓、互相殘殺。能不教他們的心靈導師傷痛乎？